인생

그 중심에 홀로 서서

인생

그 중심에 홀로 서서

저자 이도윤

성균관출판부

서문

사는 일이 고달프게 느껴지는 날은 세찬 바람에 삶이 눕는 날이다. 연고 없는 숲 속을 찾아서 새와 함께 바람과 함께 누군가를 동시에 불러 보고 싶은 충동에 젖어 산을 찾았다.

산은 그대로 푸르다. 좌불 같은 저 흔들리지 않는 모습은 그대로 위엄을 풍긴다. 보낸 시간이 적지 않은데 도전과 실패를 하며 오랜 시간 인생의 중심에 홀로 서서 저리도록 아프게 살아온 것 같다.

구구한 기억의 뭉치는 가득하고 이런저런 우연을 벗하면서 오래도록 살아왔다고 여긴 순간은 백지를 바라보는 듯 하나도 남겨져 있지 않다. 삶은 이렇게 지워지는 망각의 마차이다.

어디서부터 시작되었고 어디로 가는지, 이 단순한 문제에 대하여도 우리가 얻을 수 있는 것은 아주 미미한 사유의 일각이다.

황망하게 살아낸 지금의 시간이 고작해야 무엇을 해 왔는지 모르는 일이고 보면 삶은 참으로 어려운 숙제임이 분명하다. 아직 다가오는 내일이 준비되어 있다는 사실만이 위안을 넘어 잠긴 희망의 빗장을 열어가게 한다.

오늘도 하루의 시작은 바람이 차다. 단 하루를 살아가기 위해서 각자가 준비한 위안의 대상은 다르겠지만 우리는 모두 위로를 받고 희망을 얻을 수 있는 거리와 대상을 찾아 나서야 한다. 그러지 않고는 우리는 언제나 무인도의 일인 촌장이 될 수밖에 없다.

나는 다음의 분들에게 내 인생 최고의 존경을 바쳐
감사의 인사를 드리고자 한다.

중흥교회 엄신형 목사님, 너무나 인간적인 배려로 인해 한동안 가슴이 따스했습니다. 시대를 열어가는 높은 통찰력과 영혼에 되새겨지던 설교 말씀에 존경을 바치며 생을 마치는 날까지 감동적인 손길 기억하며 살아가겠습니다.

박기동 변호사님, 너무나 따스한 신의와 높은 은혜를 입고 보은의 때를 기다리는 못난 자신이 부끄러울 뿐입니다. 언제나 마음깊이 간직하며 변호사님의 신의에 반드시 보답을 하겠습니다.

강남 감람교회 이기우 목사님, 가장 어려울 때 보여주신 은혜와 신의 죽는 날까지 간직하며 살아가겠습니다. 순수하고 정론적인 설교 말씀 그리고 지속적인 관심에 부응하는 삶을 살도록 하겠습니다.

간 이식 수술을 받아 육체적으로 힘든 병환 중에도 언제나 변함없이 다감하고 큰 손길로 사나이 정을 보여준 전 송파구 의정회회장인 박영철 형님 진심으로 존경하고 사랑합니다.

따스한 말투 정직한 성품으로 삶의 모범을 보여주신 성명학회 김관유 원장님과 끊임없이 어려울 때마다 믿어주시고 힘이 되어 주시는 지원 갤러리 조경자 관장님께 진심으로 감사의 인사를 드립니다.

언제나 변함없으신 금강스님, 심장수술을 받을 때 찾아뵙지 못한 것이 마음 아픕니다. 지면을 빌어 감사와 존경의 마음 바칩니다.

노인분들의 권익 향상을 위해 희생과 헌신을 아끼지 않고 봉사에 전념하시는 한남대학교 임춘식 교수님, 언젠가는 보은에 보답하며 당당하게 일어설 날이 있을 것입니다.

존경합니다.

차례

인생. 그 중심에 홀로 서서

01

무엇이든 흔들리는 세상이다

유혹 앞에서 인내하지 못하고 절제의 미덕을 상실한 지 오래인 듯합니다. 흔들리는 만큼 괴로움을 느끼면서 오늘에 충실하고자 노력하는 우리는 인간입니다. 그 양극의 갈등 구조는 인간의 내면 가운데 아직은 기본에 충실하고자 하는 열망이 살아 있다는 증거이기는 합니다. 그래서 아직은 우리 자신과 나를 벗어난 인간에게 희망을 걸어 볼 만합니다. 그 고귀한 이름 앞에서 사람다워지려는 노력이 번져 가고 각자의 삶 속에서 뚜렷하게 증언될 때 우리는 비로소 서로에게 희망의 인간입니다.

그렇습니다. 우리는 서로에게서 희망을 찾아야 합니다. 그 내기의 도박이 다소 불안하다고 해도 서로에게 희망이 되어 주는 일에 부지런하다면 인류를 구제하는 희망, 사람다운 세상을 만들어 갈 수 있을 것입니다.

불완전하기에 인간이라고 말합니다. 너나없이 추락하는 것에 길들여진 우리가 책임을 회피하고자 벌이는 도피 행각입니다만 그러한 변명이 우리를 위로하고 실수 앞에서 다소 당당해지기까지 하는 깊은 최면에 빠져들게 합니다.

그 책임 회피의 잠에서 깨어나면 우리는 또 다른 불완전한 말잔치로 해서는 안 되는 일을 행함에 주저하지 않고 당당하게 변명하기를 즐겨 합니다.

삶은 지속적인 죄의 잉태입니다. 죄의 갑옷을 입지 않고 살아가는 사람은 없습니다. 정말 우리는 나약합니다. 이 불완전한 해답은 때로는 우리를 슬프게 하고 무엇으로 우리가 희망을 가져야 하며 이 힘든 삶을 견디며 살아갈 수 있을까 의구심을 갖게 하지만 우리가 저마다 불완전하다는 결론은 진정 우리에게 단 하나 남은 위안입니다. 속물로 살아가는 모든 사람들에게 필요한 벗이기도 합니다.

그러나 우리는 충분히 책임을 질 수 있는 능력을 가지고 있습니다. 불완전하기에 인간이 아니라 불완전한 면을 극복하려고 매진하기에 인간입니다. 종종 핑계의 잔치에 너도 나도 쉽게 빠져드는 것은 책임을 지고자 하는 일이 많은 손실과 노력을 요구하고 있기 때문입니다.

단순하게 인간관계를 살펴보더라도 우리는 버리고 떠나고 지키지 못하는 일에 능숙해져 버렸습니다. 곁에 머물러 있기보다는 멀어지는 것에 익숙해져 있습니다. 자신 스스로조차 감당하기 힘들어진 오늘은 타인을 감싸는 성을 버리게 했습니다. 무엇이든 버리는 방법을 고민하고 언젠가는 상대의 곁을 떠나는 시기를 조율하면서 서로에게 머물게 됩니다.

공허한 인간관계는 여기서부터 싹트게 됩니다. 동반하는 모든 관계가 불완전하고 목마른 것은 이것 때문입니다. 누군가 곁에서, 또는 뒤에서 서로를 에워싸며 동행하고 있다는 생각은 드는데 막상 돌아보면 곁에서 따스하게 만져지는 사람이 없습니다. 아니, 없다고 생각할 수밖에 없을 만큼 우리는 서로에게서 멀어져 있고 멀어져 가고 있습니다.

우리가 생각하는 인간적으로 정형화된 삶의 모습은 온데간데없이 자취를 감추어 버렸습니다. 우리 정신과 내면의 가치가 무너져 가고 있다는 사실에는 다들 둔감합니다. 자연의 생태계가 무너지고 있다는 사실은 우리 영혼의 멸망을 의미합니다. 자연은 인간의 얼굴이고 인간의 양심을 그대로 반영합니다. 그런 점에서 우리가 인간에게 희망을 걸어야 하는 시간과 기회는 그리 많지 않습니다. 우리 영혼의 대청소가 필요한 시점입니다. 보이는 것의 바벨탑 쌓기에 여념이 없는 우리에게 영혼을 청소하는 노동은 낯설 수도 있습니다. 그러나 우리는 영혼의 청소 없이는 인간다운 삶을 살아갈 수 없습니다. 우리가 심각하게 생각하는 세상 모든 문제는 영혼이 오염되어 있기 때문입니다. 책갈피 속에서 영혼의 유물로 남아 무수한 사람들의 가슴을 아리게 충동질하고 지루한 삶의 슬픔을 달래며 벗이 되어 준 노란 단풍이 어느새 사라졌습니다. 붉게 물든 낙엽 하나가 우리를 지켜 주던 시절은 가고 없습니다. 책갈피 속에서 사라진 낙엽은 바로 우리가 순수한 영혼으로부터 서둘러 이탈하였다는 사실을 증명합니다.

작은 감동은 사라졌습니다. 작은 일에 감동을 전하려는 애잔한 미담이 사라졌습니다. 각박한 경쟁 구도가 언제나 더 큰 것에 만족의 깃발을 세우도록 하고 작은 것에 감사할 줄 모르는 사람으로 만들어 놓았습니다. 주고받는 것이나 소유하려고 하는 것이나 무엇이든 크지 않으면 감동하지 않고 만족하지 않습니다. 자신도 모르게 욕망의 하마가 되어 버린 것입니다.

세상이 욕망의 잔치가 된 데는 우리 각자의 책임이 따릅니다. 세상은 우리가 만들어 놓은 조형물입니다. 세상에 등을 기대는 일이 허락되지 않고 오히려 상처로 만져지는 것은 이미 우리가 파 놓은 함정이거나 헤어나기 힘든 그물 때문입니다. 갈수록 살기 힘들어지는 세상이라고 말할 권리가 우리에게는 없습니다. 우리들 마음속을 지배하는 추억은 이제 더 이상 삶의 지평까지 이끌어 주며 두고두고 감동을 전해 주는 일로 채워지지 않습니다. 아프고 찢어지고 상처 난 추억들로 우리들 영혼은 한가득 채워집니다.

우리는 이제 서로에게 너무나도 낯선 타인의 굴레 속에서 고달프고 슬프게 살아갑니다. 왜 책갈피 속에서 사라진 낙엽 하나를 인간의 영혼이탈이나 붕괴라고 심각하게 생각하느냐는 문제는 아주 단순합니다. 낙엽 하나로 감동하는 그 순간이 우리가 작은 것 하나로도 만족하는 시대였으며 경쟁 사회 속에서 양육한 욕망의 크기가 상대적으로 얼마나 비대해졌는지를 확인시켜 주기 때문입니다. 그래서 낙엽의 상실은 우리 자신의 상실이고 우리가 많은 희망을 상실하는 시대를 살아가고 있다는 사실에 직면하게 합니다.

사람다운 세상을 만들어 가는 문제는 각자의 역할로 그 의미가 부풀려집니다. 어느 한 사람이 나타나 인류를 구제하는 것이 아니라 각자의 역할에 충실하고 더불어 살아가는 가치에 눈을 뜨게 될 때 가능한 일입니다. 지금 시급한 것은 서로에게 희망이 되어 주는 일에 눈을 뜨는 것입니다. 아무리 흔들리고 살아 내기가 힘이 든다고 해도 서로에게 위안이 되고 희망이 되어 주는 일에 대해 멈추지 않는 행진이 세상을 낙원이 되도록 하는 나팔수가 많아지게 하는 것입니다. 인류를 구원하는 문제는 서로에게 희망이 되어 주는 일에서 찾을 수 있습니다.

왜 이별을 두려워하는가!

헤어지는 것이 두려운 것이 아니라 헤어지고 나서 상대를 그리워하니까 두려운 것입니다. 모든 이별은 이와 같은 두려움을 동반합니다. 그래서 사람들이 이별을 두려워합니다. 추억이 수풀처럼 되살아나지 않는 이별은 없습니다. 이별의 무대 속에서 주인공이 되는 일은 몹시 서글픈 일입니다. 등을 두드리며 헤어지는 이유를 스스로 찾아 준비한다 해도 모든 이별은 아픈 추억의 상처를 추억의 쟁반 가득 잉태합니다. 두고두고 유물로 남아 삶의 한쪽을 스산한 바람이 들어차게 합니다. 이것은 인연에 종지부를 찍고 홀로 살아가는 존재가 치러야 하는 숙제입니다.

인간은 누구나 삶의 중심에 홀로 서서 살아갑니다. 그 중심 속에는 치열한 자기 구제의 연민과 두려움에 대한 압박이 존재합니다. 인생은 스스로 풀어 가는 문제로 가득차기보다는 함께 풀어 갈 수 있는 과제물로 넘쳐나기 때문입니다. 그래서 벗해서 살아가지만 누군가 벗했을 때의 외로움은 홀로 있을 때의 외로움에 비길 바가 아닙니다. 함께한다는 것은 무수한 책임 앞에서 자유롭지 않게 합니다. 인간에게 가장 견디기 힘든 외로움은 누군가 곁에 있을 때 느끼는 외로움입니다.

벗해서 살아가는 많은 사람들이 이와 같은 문제에 직면하고 살아갑니다. 헤르만 헤세는 데미안에서 사람이 사람을 두려워하는 것은 세상에 자기와 똑같은 사람이 없기 때문이라고 했습니다. 타자와의 다른 관점은 인간이 더불어 살아가지만 결국은 삶의 중심에 홀로 놓인다는 사실을 증명합니다. 그래서 결국 인간은 더불어 살아가다가 홀로 살아가는 훈련을 하게 되고 준비를 하는 것입니다. 여기서의 홀로는 인간은 누군가와 벗해서 살아갈 수는 있어도 궁극적으로는 영원히 함께할 수 없다는 깨우침입니다. 인간의 삶은 이별의 준비 과정에 놓여 있습니다.

결국 흙으로 돌아가는 자연의 이치만을 예고하지는 않습니다. 그런데 인간의 이별은 또 다른 만남을 열망하는 드라마로 종결됩니다. 인간은 끊임없이 누군가와 이별을 하고 누군가를 선망하며 만나기를 소망합니다. 인간은 홀로 살아가는 준비는 하되 홀로 살아갈 수 없는 나약한 존재임을 역설적으로 보여줍니다. 그럼에도 불구하고 우리는 이별 앞에 서 있습니다. 이별은 함께할 수 없다는 내면의 외침이며 천천히 결론지어진 선언입니다. 그 외침을 하려고 하면 우리는 두려움과 슬픔이라는 두 가지 명제 앞에서 영혼의 구김을 체험해야 하며 혹독한 고독을 그리게 됩니다. 이별의 무대 앞에서 희희낙락하는 강심장은 없습니다.

만약 우리가 그 두려움을 쉽게 벗어날 수 있는 용기만 있다면 우리는 수많은 만남을 통해서 우리가 진정으로 원하는 사람을 만나서 살아갈 수 있는 행운을 더 많이 누리며 살 수도 있을 것입니다. 누군가 곁에 있어도 외로운 문제는 지금 우리 각자가 느끼며 살아가는 고독이 적지 않다는 것을 보여 줍니다.

그러나 모든 이별이 다 지혜롭거나 타당한 결론을 제공해 주지는 않습니다. 더 크고 무거운 문제 앞에 자신을 밀쳐 버릴 수도 있습니다. 경쟁이 두려운 것이 아니라 원칙이 무너진 경쟁사회가 두려운 것이듯 서로를 위하는 일에 솔선수범하고 상대의 가치를 중시한다면 우리는 지금보다 더 많이 행복해질 수 있을 것입니다.

비가 내리고 있습니다. 마치 바다를 유영하는 고독한 삶의 항해를 엿보게 하듯 굵은 빗방울이 대지의 얼굴을 때리며 내리고 있습니다. 누군가는 마음속에서 비가 내리고 있을 것입니다. 그 비는 하늘에서 내리는 비보다 색채가 더 짙어서 당신의 영혼을 영원히 적셔 버릴 수도 있을 것입니다. 나약한 삶의 지표 앞에서 우리는 모두 작은 난쟁이입니다. 누군가를 벗해서 행복을 얻고자 살아가는 이들이여! 두려운 자리에 서 있지 마시기를 바랍니다.

03

잠깐쯤은 비틀거리기도

조금은 방황을 해 보아야 인생입니다. 구불거리는 길에 서 있다가, 천길 벼랑 앞에도 서 있다가, 비틀거리기도 하다가, 산기슭에 당도하여 굴러도 보았다가 하는 게 인생입니다.

고민하고 집착하는 것보다 조금은 쉽게 사는 길을 선택하는 것에 인생의 묘미가 있습니다. 잠깐 방황하는 것은 삶의 휴식을 가져다주고 인생을 돌아보는 기회와 여유를 가져다줍니다.

공부를 할 때도 쉬었다가 하는 것이 더 능률이 오르는 것처럼 삶이라는 숙제도 쉬어가면서 하는 게 더 많은 결실을 가져다줍니다. 모든 기쁨은 바라는 것을 소유하는 단계보다 갖기 위해 노력하는 과정에서 얻어집니다.

시간에 맞춰 맞아떨어지는 삶은 피로하고 게다가 지치게 합니다.

하루의 기쁨은 전 생애의 영광보다 크고 보람 있는 일입니다. 약간의 방황은 현재까지 살아오면서 받은 상처를 지우고 앞으로 남은 인생을 잘 견디며 살아가는 전기를 마련하는 기회가 됩니다.

많이 넘어진 아이가 잘 달려가고 빨리 걸음을 습득합니다. 흔들리는 가지는 부러지지 않습니다. 탈선을 하자는 이야기가 아닙니다. 너무 한곳만 바라보며 달려가는 그 시간조차 우리는 행복해야 하며 살아가는 모든 동기에서 우리가 가져야 하는 행복의 권리를 잃어버리지 않아야 하기 때문입니다.

어제보다 덜 슬프게 살려 하고 어제보다 더 많이 기쁘게 살고자 노력하는 게 우선입니다. 더 많이 갖는 것보다 더 많이 기뻐할 수 있는 방법을 찾는 것이 진정한 소유의 시작입니다. 여백이 없는 삶은 고통과 슬픔을 증가시킵니다. 우리는 다소 흔들거리면서 위안을 받게 됩니다. 꽉 짜인 프로그램 안에 인생을 놓아두고 기계처럼 자신을 훈련시키면서 가두는 시점부터 불안이 생겨납니다.

외로움이라는 마법의 주문에 갇히게 되는 것도 이 순간부터입니다. 다른 각도에서 사람을 바라볼 때 비로소 상대의 가치가 제대로 보이듯 인생을 살아가는 것도 이와 같습니다. 고개를 바짝 세우고 쉬지 않고 똑바로 걷다 보면 오히려 부딪히는 일이 더욱 많은 것처럼, 살아가는 일은 약간 비틀거려야 합니다. 여유와 휴식이 필요한 자신의 인생을 수학 공식처럼 이끌어 가는 것은 바람직하지 않습니다.

인생은 공식에 의해 굴러가지 않습니다. 많은 기대와 설렘의 반복 속에서 전혀 예측 못한 일들을 체험하게 됩니다. 그 많은 경험들은 훗날 지혜로운 삶의 결론에 도달하게 하는 중요한 지식이 됩니다. 특히 젊은 날의 방황은 살아 있는 지식이 되어 줍니다. 두고두고 되울리는 교훈으로 남습니다.

인생의 초기는 샘물로 비유됩니다. 청년은 강물입니다. 장년은 바다입니다. 머지않아 그대는 넓은 대양 속으로 걸어 들어가게 됩니다. 예기치 않은 풍랑을 만나고 커다란 파도를 만나게 됩니다. 우리가 타고 있는 배는 아주 작습니다. 예측할 수 없는 위기를 동반한 바다입니다. 안전하게 항해를 하려면 훈련이 필요합니다.

잠시 방황한다고 해서 소중한 젊은 날이 낭비되는 것은 아닙니다. 삶은 여러 가지 향기가 고여 들고 이런저런 일들로 인해 비로소 완성의 단계로 진입을 하게 됩니다.

서툴게 가다가 넘어짐을 반복하고, 하늘이 휘청거릴 만큼 아픔도 느껴 보아야 합니다.

가는 방향만 잃어버리지 않으면 됩니다. 밤새 비를 맞은 풀잎이 더 파란 색을 띠고, 잔뜩 흐린 하늘이 더욱 맑게 빛납니다.

정해 놓은 목표에서 길을 잃어버리지 않으면 괜찮습니다. 내가 가야 할 길과 내가 서 있어야 할 길로 걸어간다면 돌부리에 채여 넘어져도 괜찮습니다. 술에 취해 비틀거리는 사람의 행색이 나쁘고 추하게 보이지 않는 것은 불완전한 불균형이 삶의 시름을 지워내는 작업으로 비추어지기 때문입니다. 그런 모습을 보고 더럽고 불쾌하게 보이지 않는 것은 우리네 삶이 바로 불균형의 연속이기 때문입니다. 그러기에 누구를 붙잡고 울기는 할망정 똑바로 살지 않는다고 멱살 잡고 으름장 놓지는 말아야 합니다. 우리는 다른 모습으로 위안을 받고 살아가고 있기 때문입니다. 우리는 저마다 행복해야 할 권리가 있으며 더불어 행복의 가치를 선택하는 방법에 있어 자유로울 권리가 있습니다. 사회적 관행과 편견은 우리가 행복할 수 있는 다양한 방법을 제공해 주지 못합니다.

04

행복이 달콤한 것이라고

행복은 우리가 생각하고 기대하는 것만큼 달콤하지 않습니다. 크지 않고 화려하지 않습니다. 행복은 무지개가 아닙니다. 우리는 행복을 쉽게 만질 수 없는 너무 높은 곳에 모셔 두었습니다. 높이 뛰고 멀리 달려가서 만지려고 하는 행복 찾기는 여지없이 실패로 돌아옵니다. 행복은 아무나 가질 수 없고 아무나 행복할 수 없다는 데 동의하고 순응하며 살아갑니다.

그러나 행복은 가까운 주변에서 찾아내는 보물찾기 놀이와 같습니다. 결코 멀리 있지 않고 높은 데 있지 않습니다. 행복이 주변에 머물고 있거나 우리 마음속에 서식한다는 사실에 눈을 뜨지 못하고 있습니다. 우리가 행복할 수 있는 일에 매우 서툰 이유입니다.

행복은 가장 낮은 곳에서 살아갑니다. 행복은 도저히 행복할 수 없다고 생각하고 외면하는 조건 속에 더 많이 머무르고 있습니다. 이런 사실을 모르면서 먼 길을 떠나기에 인간은 행복 찾기의 길 잃은 나그네가 되는 것입니다.

삶이 힘겨워서 행복이 달콤할 것처럼 미화시키고 포장시키기를 즐겨하는데 결코 달콤하지 않습니다. 행복은 한 잔의 쓴 술과 같습니다.

우리가 생각하는 모든 행복은 고통 속에 담금질되어 있다가 피어납니다. 쓰디쓴 고통 속에 태어났는데 달콤할 리가 없지요. 행복은 너무 써서 우리는 오래도록 품고 있지 못합니다. 그래서 잠시 머물게 하다가 떠나보내는 것입니다. 단 하루라도 종일 행복한 사람은 없습니다. 행복이 달콤하다면 저마다 그 행복을 놓지 않고 오래도록 간직할 것입니다.

오늘도 그대와 나는 행복을 오래 간직하지 못하고 떠나보냈습니다. 좀 더 풍족한 삶과 좀 더 좋은 것을 찾다가 그나마 다가와 있는 행복을 밀어내 버린 것입니다.

한 번 떠난 행복은 언제 곁에 돌아올지 모릅니다. 다시 돌아올 기약도 없는 행복을 우리는 너무나도 쉽게 떠나보내는 일을 즐겨 합니다.

그런 것을 보면 행복은 한 곳에서 오지 않고 바라는 곳에서는 더더욱 오지 않으며 전혀 다른 곳에서 온다는 사실입니다.

즐겁고 넘치는 곳에서만 오지 않고 헐벗고 낮은 곳, 빛이 없는 어둠 속에서 행복은 다가옵니다. 곁에 행복이 와 있어도 그러한 사실을 우리는 종종 망각합니다. 아니라고 밀어낸 것이 행복이었음을 시간이 지나서야 알게 됩니다.

우리가 그토록 고통스러워하는 지금의 시간조차 한참을 찾아 헤매던 행복일 수 있습니다. 죽을 만큼 아픈 시련의 기억이 행복한 시간으로 기억될 수 있기 때문입니다.

05

아픔도 사랑의 다른 이름이다

누구나 사랑의 감정은 서툴지 않습니다. 두 개의 감정이 하나로 결합되는 순간은 평소 나타나지 않는 극적이고 즐거운 감흥이 온갖 조화를 부리며 연출을 즐기게 됩니다.

곁에 없으면 불안하고 잠시라도 사라지면 죽을 것 같은 극단적인 감정의 상태로 몰입하게 됩니다. 사랑함으로 눈이 머는 일은 지위고하가 없고 가진 자, 없는 자가 따로 없습니다. 최소한의 분별력조차 마취시켜 버리고 오직 하나의 상대를 향해 에너지를 방출하는 열병의 크기는 다 똑같이 가지고 있습니다. 한번 걸려들면 빠져나올 재주가 없습니다.

이것이 사랑의 마술이고 높은 단계의 감정 몰입입니다.

그렇습니다. 사랑은 분별력을 흐리게 하는 일종의 마취제와 같습니다. 인간은 이러한 마취제를 찾아 길을 떠나는 나그네입니다. 사람은 사랑이 없으면 살아갈 수 없는 것이 아니라 사랑이 없으면 영원히 균형 잡힌 삶을 살아갈 수 없기 때문입니다. 사랑이 없이 삶을 지속하는 것보다 죽는 것이 좋다고 하는 극도의 혼란 상태로 사람을 밀어 버리는 동기가 되며 열렬한 사랑을 찾아 길을 떠나도록 만드는 것입니다.

우리들의 가슴과 머릿속이 누군가를 심고 물을 주며 관심을 기울이면서 배려하고 동행하지 않고 홀로 고독하고 가슴은 텅 비고 메마른 상태로 살아간다는 일은 정말이지 슬픈 일입니다. 사랑하는 순간이 사라지거나 사랑을 하지 못하는 운명이라면 인생은 메마른 들풀 같은 존재입니다.

그럼에도 불구하고 우리가 사랑하는 일에 주저하고 마음의 문을 열지 못하는 것은 사랑을 잃어버릴까 봐 두렵기 때문입니다. 우리는 사랑을 열렬히 요구하면서 동시에 사랑을 두려워하는 존재입니다. 그 두려움은 우리 자신을 홀로 메마름을 견디며 살도록 유도합니다. 가슴 아파하느니 홀로 외로운 것이 더 낫다는 결론을 묵묵히 담고 살아가도록 합니다.

우리는 이별에 약한 존재입니다. 예고도 없이 빛으로 머물던 상대가 어느 한 순간 타인이 되어 버릴까 봐 마음 주는 일에 인색할 때는 상대를 더욱 사랑하고 있다는 증거이기도 합니다. 눈이 멀 만큼 기쁨을 안겨 주는 사랑도 눈물 몇 바가지는 쏟아내야 겨우 지울 수 있기에 헤어진다는 것은 그만큼 두려운 일입니다.

이별이 두려워 사랑하기를 주저하는 우리는 그만큼 외로운 존재입니다. 이별 앞에 군자 없고 성인 없습니다. 엄마도 울고 아빠도 울고 할머니도 울고 아저씨도 울고 아이들도 웁니다. 모두가 웁니다. 사랑한 크기만큼 아파하는 것은 공식입니다.

이별 앞에서 우는 사람들은 반드시 사랑한 만큼 웁니다. 죽도록 사랑한 사람은 죽을 만큼 웁니다. 사랑하지 않으면서 만나지 않고, 만나면서 사랑하지 않으며, 헤어진 후에 눈물을 흘리지 않고 손만 흔들며 등을 보이고 돌아서는 사람은 상대를 사랑하지 않은 것이 분명합니다. 그런 사랑은 사랑이라고 말할 수 없습니다.

사랑의 열병을 앓아 보지 않은 사람은 가까이 하기에 두렵습니다.

아픔도 사랑의 다른 이름입니다. 아프기 때문에 사랑입니다. 인간은 사랑하지 않을 때보다 사랑할 때 행복합니다. 그 속에 담긴 아픔 때문에 사랑하지 않으려 한다면 그만큼 삶의 이유를 뒤로 한 채 더욱 고독할 수밖에 없습니다. 굳이 영원이라는 시간에 약속을 하고 그 속에 사랑을 가두지 않아도 사랑은 그 짧은 순간만으로도 가치가 있으며 가장 큰 삶의 희열로 도는 풍차입니다. 그러고 보면 곁에 누군가 있다는 사실과 누군가를 두고 함께 살아가는 일은 얼마나 좋은 일인지 모릅니다.

존재

혼자라는 것을 깨닫는 순간은
이미 세상을 알아버린 시간이다.
아무도 기대지 못한다는 사실을
눈치채기 시작할 때
어른은 시작이 된다.

06

내가 잘 사는 것이 더불어 잘 사는 길이다

남을 위해 헌신하기보다, 남의 인생을 돌아보기보다 자신의 인생을 잘 사는 것이 진정 더불어 사는 길이라는 생각을 하게 됩니다. 나의 불균형은 타인의 삶을 불안한 상태로 밀쳐 버리는 데 부정적인 영향을 주게 됩니다. 홀로 살지 않고 기대어 살아가기 때문입니다. 내가 잘 살아야 하는 문제에 직면하여 고민하고 세심하게 살펴 살아가야 하는 이유입니다. 결코 나에 대한 사랑은 이기심의 발로가 아닙니다.

최소한의 자기 사랑은 타인에게 긍정적인 영향을 주는 길을 열어 놓습니다. 내 인생을 돌보지 않고 내가 잘 살지 않으면 주변에 희생을 요구하고 근심을 안겨 줍니다. 나는 잘 살지 않는데 남이 잘 살기를 희망하는 꿈은 절대 이루어지지 않습니다.

자신의 삶은 돌아보지 않고 지나치게 남을 위하는 사람이 있습니다. 이런 사람은 남과 더불어 잘 사는 것 같지만 주변에 근심을 안겨주기 십상입니다. 우리는 모두 타인의 삶에 대해 헌신하고 배려하는 인생을 살아가야 합니다.

그것은 아주 당연한 일입니다. 그러나 그 더불어 사는 것은 내가 잘 살지 않으면 잘 되지 않습니다. 나를 놓아두고 남을 아끼는 것과 남을 배려하지 않고 나만 아끼는 것도 바람직한 삶의 자세는 아닙니다.

물질로 남을 돌보는 것만 더불어 사는 것은 아닙니다. 그보다는 그들의 기대에 벗어나지 않고 근심과 걱정을 안겨 주지 않는 것이 중요합니다. 그것은 더 큰 의미의 더불어 살아가는 모습이 됩니다. 내가 인생을 잘 살아가면 주변이 기뻐하고 행복해 합니다. 이것이 더불어 살아가는 첫 번째 당위성입니다. 내가 잘 살지 않으면 내가 남에게 주는 기쁨과 헌신은 결코 크지도, 완전하지도 않습니다.

자신의 인생을 잘 살지 않는 사람은 마음의 여유가 없습니다. 쫓기듯 근근이 살아가고 불균형 속에 놓여 있는데 남의 인생을 위해 헌신하고 배려할 수는 없습니다.

남의 불행을 방치할 때 세상은 어두워지지만 내가 불행하고 잘 살지 않을 때 세상은 더욱 어두워집니다. 이러한 사실의 바탕 위에서 인생을 살아갈 때 세상은 더불어 살아가는 희망을 키우게 되는 것입니다. 내가 잘 사는 것은 남에게 희망이 되어 줍니다. 세상은 그렇게 밝아집니다. 내가 잘 살고 있나 돌아보고 잘 살기 위해 노력하는 순간 그대는 누군가를 위해 헌신하고 배려하며 더불어 살아가는 자격을 얻게 됩니다.

세상의 불행을 치유하는 사람은 모두 한결같이 자신의 인생을 잘 살아가는 사람들입니다. 내가 잘 살지 못하고 불행하면 누군가의 행복을 빼앗아 오거나 근심에 싸이게 합니다.

누군가 나의 삶을 위해 기도하는 이가 있습니다. 그들은 부모일 수도 있고 친구일 수도 있습니다. 나를 위해 기도하는 이에게 만족을 주고 그들에게 근심을 안겨 주지 않으며 내가 불행함으로 해서 남의 행복을 가져오지 않는 것, 그리고 있으나 없으나 긍정적으로 예쁘게 가꾸어 가는 것이 잘 사는 길이 됩니다.

07

지금 곁에 있는 사람에게

곁에 있는 사람이 인생의 가장 가치 있는 선물입니다. 생각의 관점이 달라서 의견 다툼이 있다거나 서로가 바라는 것을 만족시켜 주지 않는다 해도 바로 곁에 있는 사람이 거룩한 존재의 향기입니다. 사람이 만나 함께하면서 불화와 다툼이 없을 수는 없겠지요. 나약하고 불완전한 사람끼리 만나면서 부족한 점이 발견되지 않을 수는 없습니다.

그 자체로 불완전한 우리는 언제나 앞의 상대에게 부족할 수밖에 없고 부족한 점을 보여줄 수밖에 없습니다. 누가 더 완전하고 누가 더 불완전한가 하는 비교는 애당초 큰 의미가 없습니다.

뛰어난 사람도 겨우 한 발 더 뛰어나고, 부족한 사람은 한 발 뒤쳐져 있을 뿐입니다. 우리가 곁에 있는 사람을 소중히 여기지 못하는 것은 상대보다 자신이 우월하고 가치가 있는 사람이라고 착각하거나 상대의 사랑에 너무나 길들여져 있어서 소중함을 망각하기 때문입니다.

시간이 오래 흐른 지금, 그대는 주기보다는 받기만 하는 사람으로 변해 버렸는지도 모릅니다. 이기적으로 변해 버린 나머지 애초의 감정을 망각하고 있는지도 모릅니다. 그대는 결혼을 하고 애를 낳고 사는 사람일 수도 있고, 오래도록 연애를 하고 있는 사람일 수도 있습니다. 어느 쪽이든 상관없습니다. 그러나 가다가 식어 버리는 게 사랑이라고 위안을 받는 것은 위험합니다. 미움조차 다른 곳이 아닌 사랑 안에서 번식을 합니다.

사랑은 바람이 부는 들판을 달리는 일입니다. 양지바른 곳에 누워 빛을 쬐는 것이 아니라 떨어지는 우박을 받아 내는 일이기도 합니다. 떨어지는 바위를 받아 내는 험난한 여행일 수도 있습니다. 서로 다른 사람이 매일 마주하는 일은 녹녹치 않은 인내와 배려를 요구합니다.

그 또한 사랑의 준비물입니다.

사랑받기를 희망한다면 사랑해야 합니다. 이것이 사랑의 도이고 예입니다.

살다 보니 시들해지는 게 사랑이라고 말하기보다는 사랑하기 위해 애쓰는 것, 좋아하는 것만을 갖기보다는 좋지 않은 것조차 끌어안는 배려가 있다면 지금 조금씩 사랑의 눈금이 올라가는 것을 느낄 수 있을 것입니다.

오직 사람을 사랑하라

오직 사람을 사랑하라.
사랑해야 할 이유를 상실했을 때에도
마주한 그대에게
가득 채운 술잔처럼 사랑을 채워라.
온갖 이유와 상처에 오래 머물지 말고
사랑해야 할 이유에만 관대하라.
사랑하는 순간은 오래가지 않고
훗날 그 순간만이 행복으로 저장된다.
사랑을 하다가 잃은 것은
더욱 사랑하는 것으로 보상받을 수 있다.
미움이 이유로 남거든
더 많이 사랑할 이유를 찾아 길을 떠나라.
사람을 사랑하는 일은
살아가는 아름다운 이유가 된다.
어두운 도시에서 그대와 내가 덜 외로운 것은
누군가 소리 없이 내게 다가와 곁에 머물며
밝은 가로등이 되어 주고 있기 때문이다.

08

마음먹기

너무 크게 기대하지는 마세요.
기대 저편에서 큰 실망이 자라니까요.

너무 밝은 곳에 오래 서 있지 마세요.
어두운 곳에서 아무것도 하지 못하니까요.

너무 높은 곳에 올라가려고 하지 마세요.
낮은 곳에서 하루도 견디지 못하니까요.

너무 눈을 크게 뜨지 마세요.
지쳐서 눈물이 고이니까요.

너무 낮은 곳에 안주하지 마세요.
꿈을 잃어버릴 수 있으니까요.

상대에게 베푼 것을 기억하지 마세요.
베푼 만큼 미워지고 인색해지니까요.

슬픔을 지워 내려 너무 애쓰지 말아요.
두고두고 남겨지는 슬픔은 없으니까요.

너무 잡으려고 애쓰지 마세요.
인생은 저절로 다가와 안기는 것이 더 많으니까요.

이루지 못했다고 실망하지 마세요.
다시 시작하면 몇 배를 이룰 수 있어요.

푸른 숲에는 가시나무가 자라고
절벽 밑에는 아름다운 꽃이 피어나고 있어요.
어렵고 힘든 일도 마음먹기에 따라 달라져서
인생은 아름다운 거예요.

09

자살하지는 마요

아직 무엇이 소중한지를 찾아내지 못하셨군요. 죽기 살기로 죽는다는 사람 말릴 일이야 없지만 기왕 태어난 거 좀 더 살아보는 거예요.

연예도 해 보고 사랑도 해 보고 이 지랄 저 지랄 해 보고 죽어도 늦지 않아요.

한 가지 분명한 것은 자살의 이유는 지금 그대 자신보다 소중하지 않다는 것입니다. 당시에는 모르겠지만 시간이 지나고 나면 왜 그랬나 싶을 만큼 아무런 이유가 되지 않아요.

한 번이라도 죽어야 할 이유와 살아야 할 이유를 비교하고 찾아보는 시간을 갖도록 하세요.

나뭇가지는 제 철을 맞이한 후에야 비로소 잎사귀를 떨어뜨리는 법입니다. 잎이 피었다가 지는 이치가 이와 같기에 스스로 자살하는 것은 자연의 섭리를 거역하는 것으로 후생에 복을 받지 못합니다.

삶과 죽음의 경계선에서 고민하고 있는 사람들이 이 세상에는 많이 있습니다. 때론 우리네 삶이 죽는 게 좋다는 생각이 들 만큼 고독하고 힘겨울 때가 많은 것이 사실입니다. 나의 어머니도 어릴 적 생활고를 견디지 못해 어린 자식들을 놓아두고 돌아가셨습니다. 어머니가 남겨두고 가신 슬픔을 가슴에 묻고서 50 평생을 살아왔습니다. 저 또한 수차례 자살을 경험한 적이 있습니다.

나의 어머님이 선택한 자살이라는 죄악이 평생 슬픔으로 자식에게 전이되고 자살의 충동이 복제되었듯이 개인의 자살은 타인의 자살을 부추기고 삶의 전반에 부정적인 영향을 끼치게 됩니다. 자살은 일개인의 죽음으로 종결되지 않고 후손과 사회에 전염시키는 것입니다. 자살의 문제점과 해악이 바로 여기에 있습니다. 특히 스타의 자살은 사회의 평화를 부수고 많은 이들이 품고자 하는 희망이라는 .가치를 앗아가고 무력화시킵니다.

그런 점에서 우리들 개인의 생명은 개인만의 소유가 아니라 이 세상을 살아가는 모든 이들과 공유하며 살아간다는 것을 알게 됩니다.

자살이 또 다른 이름의 타살이라는 논리가 성립 되는 이유가 여기에 있습니다. 그럼에도 우리는 자살이라는 행위에 대해 온정의 손길을 내어 보이고 타당하지 않은 이유를 찾아 자살을 포장해 주려고 혈안이 되어 있습니다. 이와 같은 온정주의는 자살을 부추기는 동기가 됩니다. 사회가 자살을 범죄로 규정하고 비난하지 않는 한 자살의 전염병은 그 막을 내리지 않을 것입니다. 나 또한 젊은 날에 수없이 자살을 결행하였으나 생명을 존속시킴으로써 타살의 범죄를 짓지 않을 수가 있었습니다. 그때는 감성이 풍부한 청년 시절의 일이었지만 이제와 돌이켜보면 세상에서 가장 어리석고 무지한 행동을 했다는 것을 느끼고 있습니다.

자살은 명분을 동반하지 않는 죽음입니다. 스스로 목숨을 던지는 것은 영혼에 대한 자해이며 사회를 향한 폭거와 같습니다. 자살은 오직 그 자신의 문제를 해결하기 위한 도피성 외출이며 망동입니다.

지금 이 순간에도 죽는 순간의 명분을 찾아 자살을 결행하려는 사람들이 있다면 당장 멈추기를 바랍니다. 죽음은 문제의 종결이 아니라 문제의 지속입니다. 사회에 온통 슬픔이라는 유산을 남기고 죽어간 최 진실 씨를 내가 비난했던 이유가 여기에 있습니다.

삶은 고난을 향한 항거이며 모든 불행한 조건을 향한 도전입니다. 애당초 인생은 문제와의 전쟁입니다.

넘치는 조건 속에서 무료함과 안일의 병에 걸리고, 가진 것에서부터 불안이라는 병에 걸립니다. 넘치는 것에서 타락과 방종이 생깁니다. 그래서 부족한 것은 죄가 아니며 죽어야 할 이유가 되지 않습니다. 고통이 감지되지 않는 인생을 바란다면 그것은 그릇된 인생관입니다. 나와 반대되는 것은 나의 가치관의 평형을 유지하게 하고 나의 부족함은 그것을 채우려는 소망의 불을 지피게 합니다.

가시가 있는 장미를 사랑하면서 가시가 있는 인생을 사랑하지 않는 것은 앞뒤가 맞지 않습니다. 자살하는 사람들의 공통점은 죽어야 할 이유만을 찾아낸다는 것입니다. 죽어야 할 이유를 찾는다면 세상은 죽어야 할 이유로 넘쳐나는 고해의 바다와 같습니다. 그러나 그 순간 살아야 할 이유를 찾아보면 세상은 아름다운 가치로 넘쳐나는 기쁨의 원천입니다.

악플의 문제는 반드시 척결되어야 하겠지만 세상에는 항시 나와 반대되는 글과 사상이 존재합니다. 어떤 사람은 나를 좋은 사람으로 보고 어떤 사람은 나를 나쁜 사람으로 평가합니다. 비단 인터넷의 악플뿐만이 아니라 세상에는 있지도 않은 말이 얼마나 많이 돌아다니면서 우리를 위협하고 슬프게 하는지 모릅니다. 그러나 때마다 대꾸하고 반응을 보이는 것은 이롭지 않습니다. 우리는 저마다 슬픔과 고통의 밭에서 춤을 추는 광대입니다. 세상은 나와 반대 방향으로 돌아갈 때가 많이 있습니다. 자신이 성취하고자 하는 소원을 다 들어주는 인생은 없습니다.

위로를 받고자 하면 슬픔을, 용기를 얻고자 하면 외면을, 외로울 때는 가시를, 희망을 얻고자 하면 절망을 전해 주는 게 인생입니다. 우리는 모두 그 안에서 살아가는 생명체입니다.

우리의 가슴을 가득 채우고 있는 슬픔은 하나같이 바라는 것을 취하지 못할 때 오는 욕망의 반작용입니다. 무엇이든 갖기 위해 벌이는 욕망의 만찬 속에서 우리는 슬퍼하기도 하고 기뻐하기도 합니다. 이 사실을 놓고 보면 우리가 많이 슬퍼하지 않고 살아갈 수 있는 방법을 저마다 잘 알고 있다는 사실에 직면하며, 살아가는 과정에서 싹트는 많은 슬픔들은 스스로 만들어 가는 것임을 일깨우게 됩니다. 우리네 삶이 살아가야 할 이유가 있는데 왜 죽어야 할 이유가 없겠습니까? 서로 다른 생존의 양면성은 필연의 명제입니다. 인생은 슬픔과 기쁨의 중간에서 그네를 타는 것과 같습니다. 삶은 힘겨울 때에도 당당하게 살아가는 이유를 찾고 그 이야기를 기쁨으로 만들어 가는 거룩한 수업입니다.

10

행복의 척도

두 개를 다 취하는 것보다 하나를 버릴 때 행복은 다가옵니다. 불편한 진실을 가슴에 담고 그 속에서 갈등을 키우는 것은 무엇이든 자신에게 다가오는 기회나 물질을 모두 소유하려는 인간의 속성 때문입니다.

우리 마음이 평화로운 만족의 단계로 진입하기 위해서는 상대적인 희생이 따르며 다른 하나는 버릴 줄 아는 용기와 절제가 필요합니다. 양손에 물건을 들고 절벽을 오르는 사람들이 아무도 없는 이유는 자신의 안전을 지키기 위해 나무와 바위를 잡고 올라가야 하기 때문입니다. 균형 잡힌 인생을 살아가려면 한손을 비워 두어야 합니다. 양손 모두 무엇인가 들고 있으면 그는 정상을 정복할 수 없습니다.

하나의 밭에 두 개의 곡식을 심지 못하듯 우리 욕망의 밭도 그러합니다. 행복은 우리가 생각하는 반대 방향에서 열매를 맺기 시작합니다.

소유하기 위해 바쳐진 노력에 비해 행복할 수 없는 이유가 여기에 있습니다. 비어 있는 도랑에 물이 고이는 것처럼, 창문을 열어 놓았을 때 세상 밖을 볼 수 있는 것처럼 행복은 비어 있지 않은 마음에 결코 다가오지 않습니다.

갖기 위해 노력하는 수고는 수고한 만큼 우리를 행복의 단계로 이끌어 가지 않습니다. 채우고 또 채우려고 할수록 행복의 크기는 상대적으로 작아집니다. 정작 우리가 지니고 있는 행복을 담는 그릇은 굉장히 작습니다.

이러한 사실은 우리에게 매우 당황스러운 변화를 몰고 옵니다. 우리가 행복을 가질 수 있는 길은 성공밖에 없다고 배워 왔기 때문입니다. 더 많은 물질을 갖기 위해 고심해야 하는 경쟁의 각축장이 되어버린 지금, 이러한 상식을 갑작스럽게 바꾸는 것은 쉽지 않습니다. 그러나 정말 높은 산에는 풀 한 포기 살지 못합니다.

중흥교회 엄신형 담임 목사님은 몸이 크면 그림자도 크다고 했습니다. 이 말씀은 우리의 욕망이 크면 갈등도 크고 우리가 가진 만큼 그늘도 크다는 사실을 의미합니다.

하나를 놓아 주는 것은 행복을 놓아 주는 것이 아니라 행복을 가질 수 있는 마음의 밭을 가꾸는 길이 됩니다. 너무 무거운 짐을 올려놓으면 저울이 고장 나는 것처럼 너무 많은 것을 가지면 행복의 균형이 고장 나게 됩니다. 행복은 작은 울림입니다. 다가와도 오래 머물지 않고 오는 즉시 떠날 채비를 차리는 나그네와 같습니다. 그러므로 우리는 마음과 욕망을 비우는 일에 적극적일 필요가 있습니다.

11

독 백

타인과 기쁨은 나누기 싫어하고 자신의 힘겨움은 내 앞의 누군가가 잔뜩 덜어가기를 소망하는 것이 인간입니다. 자신에게 다가온 슬픔은 크고 남의 불행은 작게 느껴져 미처 남의 암울한 상황은 바라볼 수 없는 지라 사람과의 사이에서 자신도 모르는 사이 갈등의 불씨를 지피게 되지요. 그 이기심은 모두 타인보다 자신을 사랑하는 데서 생겨납니다.

오직 자신을 사랑하는 것이 타인을 사랑하는 길이라는 것에 위안을 받으며 이기적인 행동에 스스로 제약을 가하지 않고 사랑의 가치를 함부로 논하지만 어디 자신만을 사랑하는 사람 중에 타인을 사랑하는 사람이 있을까요?

솔직히 논해 보면 자신을 사랑하는 것보다 타인을 사랑하는 것이 덜 이기적이 되고 자신까지 사랑할 수 있는 것이라고 생각합니다. 자신만을 사랑하는 마음속에 타인의 사랑이 움틀 수가 없는 일이지요. 사회가 이기심의 무덤이 되어 가고 있는 것은 바로 오직 자신만을 사랑하라고 외치기 때문입니다.

물론 자신은 누구보다 중요합니다. 자신이 바로 서지 않으면 어느 누구도 바로 세울 수 없지요. 그러나 모든 생명은 나와 벗하지 않는 것이 없어서 자신을 사랑하는 것 못지않게 타인을 사랑하는 마음은 자신에게 큰 유익을 가져다줍니다.

우리가 종종 속에 있지도 않은 말로 상대에게 서운한 마음을 안기는 실수를 쉽게 저지르게 되는 것은 남의 아픔을 바라보는 일에는 길들여지기 쉽지 않기 때문입니다. 모든 게 나의 기준이다 보니 남의 입장을 생각하지 못하게 되는 실수를 자주 저지르게 되는 것이지요.

지금 사회가 우울해져 가고 있습니다. 이것은 우리가 덜 행복한 세상을 살아가기 때문이 아니라 모두가 자신만의 입장에 서 있기 때문입니다.

그럼에도 불구하고 우리는 떳떳하게 누군가의 곁에 아주 이해심 많은 사람으로 행세하며 머물고 있습니다. 기댈 수 있는 뻔뻔함은 있지만, 남을 위해 어깨를 내주는 일에는 그만 고개를 돌리는 우리입니다. 제 것을 만들기 위해 남에게 상처 주는 일들도 대낮에 벌이는 약탈행위임을 모르는 우리입니다. 저마다 이토록 나약한 우리, 인간의 고귀성에 미달된 우리입니다. 밥상 위의 음식조차 만물의 희생이 따름을 모르는 우리입니다.

그래서 인간임을 또 자위하는 우리. 인간의 하루는 이토록 불완전한데 아무런 깨달음 없이 나는 하루를 다 살아 버렸습니다.

12

멀어진 만큼 가까워지기 1

앞의 상대에게 던지는 신중하지 않은 단순한 말이 이별의 전주곡이 되며 사랑하는 사람과 서로 다른 삶의 무대 위에서 배역이 다른 주인공으로 살아가게 합니다. 가시가 돋힌 말은 그동안 서로에게 심어 놓은 사랑의 수고를 한순간에 앗아 갑니다.

큰일로 사람에게 상처를 주지 않습니다. 서로 마주보며 속에 있는 이야기를 꺼내놓기로 하고 대화를 나누다 보면 아주 사소한 일이 상대에게 지워지지 않는 상처로 남아 있다는 사실을 알게 됩니다. 그까짓 걸 잊어버리지 않고 대대로 간직하고 있느냐고 조롱하지만 인간은 말로 위안을 받고 말로 상처를 받는 존재입니다.

우리는 상대를 과녁으로 삼아 무차별 난사되는 독한 말이 전혀 예견하지 못하는 앞날의 불행과 마주치는 조준 타격이라는 것을 무시하며 살아가고 있습니다.

우리가 어떤 사이인데? 살아온 세월이 얼마인데? 우리의 사랑이 얼마나 견고한데? 그까짓 다툼과 오해로 균열이 생길까? 손사래 치고 과신하지만 사랑이 멀어지는 것은 작정하고 이별하려는 순간부터 달아오르지 않습니다.

그보다 상대를 배려하지 않은 말 한마디가 상대를 향해 날아가 꽂힐 때 이별은 왕성한 지진 활동을 시작하게 됩니다.

왜 그럴까요? 사람은 본시 상처 받기 쉬운 동물인데다 작은 상처에 대한 면역력과 방어의 벽이 없기 때문입니다. 이 정도는 상대가 배려해 줄 거라는 생각에 이해심을 준비하지 않기 때문이지요.

숲속을 걷다 보면 큰 가시는 피하게 되는데 작은 가시는 미처 피할 겨를도 없이 찔려서 피가 나는 것과 같습니다. 그러다 보니 불쑥 튀어나오는 말과 상식을 벗어난 행동에 상처를 받게 되는 것이지요.

사랑도 알고 보면 말에 의해 전달이 되고 말 속에서 살아가고 있습니다. 그래서 걸러지지 않은 언어의 살포는 사랑의 불을 얼어붙게 하고 사랑의 불을 끄는 물이 되기도 합니다.

그대가 처음 사랑을 쟁취할 수 있었던 것은 상대가 고이 간직하고픈 기대 이상의 달콤한 말을 쏟아 놓았기에 가능한 것이었습니다. 상대가 좋아하는 것을 즐겨하고 상대가 싫어하는 일은 안 하며 아픈 곳과 외로운 것과 힘겨운 것을 두루 살피는 센스와 배려로 완전무장을 하고 있었기 때문에 사랑을 쟁취하고 상처 주는 일을 쉽게 하지 않을 수 있었던 것입니다.

사랑하는 순간은 자신보다 앞의 상대가 먼저 보이는 법입니다. 언제나 자신보다 먼저 묻어나는 감성의 모닥불 같은 고운 연기입니다. 그러기에 입에서 나오는 말이 달콤하며 배려가 있습니다. 사랑은 상대의 길을 먼저 열어 주는 좋은 안내자입니다. 시련과 슬픔으로 인해 닫힌 문을 열어 주는 배려 넘치는 한밤의 문지기입니다.

홀로 걷는 발길을 동행해 주는 연민의 타종이며 기대고 싶은 욕망에 취하기보다는 상대가 기댈 수 있는 자릴 지어주는 목수입니다. 상대가 행복하지 않는 한 모든 사랑은 불구입니다. 상대를 먼저 내 안에 품지 않는 사랑은 하나의 메아리입니다.

또한 사랑은 언제나 상대를 향한 넉넉함입니다. 매일 마주하는 상대가 행복하지 않다면 서로에게 준비가 부족하기 때문이거나 신중하지 않은 말로 상처를 주거나 상대보다 먼저 자신을 사랑하고 있기 때문입니다. 상대를 먼저 품지 않고는 사랑은 자라지 않습니다. 때에 맞추어 물을 주지 않는데 먼저 미소 짓는 꽃은 없습니다. 세상 모든 것이 먼저 다가가지 않으면 아름다운 결실이 되지 못합니다. 고은 말을 하려고 노력하는 것은 사랑을 지키고 키우는 거름이 되어 줍니다.

13

일등이라는 자리는

일등이라는 자리는 머무는 자리가 아닙니다. 샴페인을 터트리는 자리는 더더욱 아닙니다. 만약 그대가 일등이라는 자리에 멈추어 서 있다면 새벽이 다가오기 전에 달리기 위한 준비를 하지 않으면 안 됩니다.

영광에는 상처가 도사리고 있습니다. 실패가 서식하는 습지가 자라고 있습니다. 추락하기 쉬운 절벽이 가까운 곳에 있습니다. 모든 것을 다 이룬 순간은 멈추는 것이 아니라 다시 시작하는 순간입니다.

일등은 더욱 앞서 쉬지 않고 달려가야 하는 고독한 자리입니다. 그대가 멈추어 서 있다면 이미 일등이 아닙니다.

누군가는 일등의 고지를 탈환하기 위해 새벽을 등에 지고 달려오고 있을 것입니다. 앞에서 달려가는 차보다 뒤에서 달려오는 차의 기세가 더 맹렬한 법입니다. 중단하지 않고 달려가지 않으려면 일찌감치 뒤에서 달려오는 2등에게 자릴 비켜 주고, 일등의 자릴 내주지 않으려면 무조건 죽을힘을 다해 앞만 보고 달려가야 합니다. 일등을 지키는 길은 멈추지 않고 달려가는 길뿐입니다.

일등은 일등이 아니라 일등이 되려는 2등의 방어 지점입니다. 일등의 자리를 지키려면 2등보다 더욱 힘차게 달려가야 합니다. 도달하면 쉬어야지 하는 생각은 2등의 먹이사슬로 전락하는 지름길입니다.

새로운 시작은 새로운 희망입니다. 머무는 곳에서 다른 곳으로, 이전의 생각에서 전혀 다른 생각으로 생의 들판에 서 보면 지금 있는 자리에서 안주하는 것이 얼마나 많은 가능성을 스스로 말살하고 있는 것인지를 알게 됩니다.

한 발짝만 발을 내딛으면 세상은 더 넓어지고 넓어진 만큼 희망은 다시 깨어나 왕성한 활동을 시작하게 됩니다. 이것이 일등의 역사입니다.

생각만 바꾸어도 세상이 바뀝니다. 부단히 다른 관점에서 달려가지 않으면 진보는 없습니다.

영원한 일등은 없습니다. 영원한 패자도 없습니다. 인생은 반전의 드라마입니다. 세계의 일등 기업은 가장 가까운 2등 기업으로부터 쫓기는 위치에 서 있습니다. 그래서 멈추어 서면 위험합니다. 뒤편에서 2등이 달려오고 있는데 일등이 멈추어 서 있다는 것은 말이 되지 않습니다. 이렇게 쫓고 쫓기는 추격전은 중단하지 않고 이어집니다.

기업이 가장 경계해야 하는 것이 안주하는 사고입니다. 위기경영은 오히려 일등부터 시작되어야 합니다. 성공하는 기업이 한순간에 몰락하는 경우를 보게 됩니다. 처음 시작할 때는 위기경영을 하다가 어느 정도 성공 반열에 올라섰다고 하는 순간 위기감을 버리고 안일함에 빠지는 경우가 다반사입니다. 누군가를 제압하고 이기겠다는 신념이 일등을 만들었다가 성공의 함정에 빠져 몰락하게 되는 것입니다.

쫓는 자는 쫓기는 자보다 더 강하고 진취적입니다. 뒤쫓는 속도도 빠르고 시장 잠식 능력도 강합니다. 그들은 자나 깨나 일등이 되기 위해 몸부림을 치고 있습니다.

영원한 승자는 그래서 없어지는 것입니다. 그런데 만약 일등이 애초의 속도와 열정을 가지고 내달린다면 경제 역사에 영원한 일등이 등장할 수 있습니다.

그렇다면 왜 일등은 그 생명력이 길지 않을까요? 그것은 2등과의 싸움을 쉽게 생각하기 때문입니다. 2등을 연구하지 않고 싸우지 않으려니까 그만 2등에게 영광을 내주게 되는 것입니다. 일등이 되는 순간, 경쟁상대가 없다고 생각하는 순간 기업의 체질 속에 패인이 독보석처럼 기생하게 됩니다.

2등은 1등이 되기 위해 노력하고 달려가고 있습니다. 모든 시스템이 1등을 이길 수 있도록 준비됩니다. 그래서 일등의 가장 훌륭한 경쟁 파트너는 바로 2등입니다. 앞을 보기보다 뒤를 쫓는 2등을 어떻게 하면 이길 것인가 연구하고 대적하면 됩니다. 그러지 않고서는 일등의 영예는 잠시밖에 머물 수 없습니다.

많은 기업이 세계 일등이 되기 위해 무한 속도를 내고 있습니다. 중원에는 무림의 고수가 널려 있습니다. 어느 곳에서 일등을 제치고 제왕의 자리를 차고 들어오는지 예측하기조차 힘이 드는 상황입니다. 따라서 기업은 초기부터 나중까지 위기경영을 지속적으로 해야 합니다.

마라톤을 보면 뒤쫓는 상대와 격차를 많이 두고 달려가는 일등을 볼 수 있습니다. 적당히 달려가도 일등을 할 수 있을 터인데 뒤에서 쫓아오는 2등의 무리들을 더 멀리 제쳐놓기 위해 달리고 또 달립니다.

그 힘찬 달리기는 결승 골인 지점까지 이어집니다. 기업이 앞만 보고 달려가는 것도 이와 같아야 합니다.

승자가 되기 위해서는 2등과의 싸움을 지속적으로 해야 합니다. 자객은 도처에 있습니다. 위기경영은 기업의 체질을 강화시켜 줍니다. 시장의 역동성과 변화에 대처할 수 있는 집단적인 능력을 배양합니다. 글로벌 기업은 무한경쟁에서 이기는 기업이 아니라 지키는 기업입니다.

세계 최대 채권펀드 핌코의 엘-에리언 최고경영자가 미국의 경제 상황이 '처참한 지경'이라는 부정적인 전망을 내놨습니다.

22일(현지시간) 핌코의 모하메드 엘-에리언 최고경영자(CEO)는 블룸버그 TV의 한 방송에 나와 "미국이 경기침체(리세션)로 돌아갈 확률이 50%"라며 "미국 경제 성장세가 예상보다 나쁘다"고 지적했습니다. 그는 이날 블룸버그 TV '인 더 루프(In the Loop)'에 출현해 미국 경제 상황에 대해 걱정하고 있다면서 의회 정책결정자들의 태도에 대해서도 비판적인 입장을 보였습니다.

엘-에리언은 "정책결정자들은 전적으로 잘못하고 있다"며 "슈퍼위원회의 재정적자 감축에 대한 합의 불발이 실패가 아니라 주택, 노동시장 등에서 필요로 하는 것들을 보호하는 데 실패한 것"이라고 지적했습니다. 미국과 유럽에서 구조적인 경제적 이슈 해결을 위한 조치를 빨리 내놓지 않는다면 상황은 더욱 악화될 것이라고 엘-에리언은 덧붙였습니다.

지금 미국은 경제 위기 상황을 맞이하고 있습니다. 세계의 일등이었던 미국이 위기 속을 걸어가게 된 것은 자만입니다. 패권 국가의 자만은 2등을 용인하지 않았고 오직 일등이라는 위치에서 자축하고 샴페인을 터트렸습니다. 세계 제일의 나라도 이러한데 기업과 개인이 일등의 자릴 내주고 추락하는 것은 그야말로 한 순간입니다.

채워지지 않는 미완의 여백이 인생입니다.
하나를 채운 것 같으면 하나가 부족하고
하나를 얻은 것 같으면
하나를 잃은 것 같은 것이 또한 인생입니다.
인생은 무기가 없어도
나가서 싸워야 하는 무대입니다.
부족하면 부족한 대로 출발하지 않으면
그대는 무익하게 해를 넘기게 되고
아무런 일도 결과도 얻지 못한 채
황혼을 맞이하게 되는 것입니다.

14

알고 있는 사람이 신의가 없다면

평소 신의가 없는 사람의 마음을 얻으려고 애를 쓰는 것은 굳게 잠긴 문을 열쇠도 없이 열어보려는 매우 어리석은 일입니다. 신의 없는 사람에게 기대는 것은 모래밭에 나무를 심는 것과 같습니다. 뿌리를 내리지 못하고 앉아 있는 위태로운 흔들바위 같은 부류들이지요. 그러한 사람에게 손을 내밀고 마음을 내주고 관심을 주어 보았자 돌아오는 것은 배신뿐입니다. 신의 없는 사람은 언제나 한 가지밖에 모르고 자기 자신의 입장에만 서 있습니다.

사람이 사람에게 희망을 걸어야 함은 마땅한 일이나 사람을 가려서 대하지 않으면 큰 상처를 수확하게 됩니다. 사람이 사람에게 희망을 거는 일과 선천적으로 신의가 없는 사람과 뜻을 나누고 희망을 거는 일은 다릅니다.

도 닦는 분들이야 그래도 사람을 믿어야 하고 사람에게 희망을 걸어야 한다고 말하지만 잔머리를 굴리는 사람을 믿고 관계를 갖는다는 것은 쉬운 일이 아닙니다. 가시 돋친 장미를 손으로 덥석 쥐는 꼴입니다.

사람이 사람답게 되지 않는 건 죽어도 안 됩니다. 처음 아니다 싶은 사람은 반드시 얼마 지나지 않아 아닌 행동을 하지요. 이런 뒤통수치는 족속들을 조심하지 않으면 골머리 썩을 일만 생길 뿐입니다.

거리에 차를 몰고 나서면 참으로 많은 차량과 마주하게 됩니다. 그런데 하루 종일 이런 차 저런 차 피하며 운전을 해야 안전하게 귀가하게 됩니다. 만약 피할 거 피하지 않고 운전했다면 목숨을 부지하고 집으로 돌아오는 사람은 한 사람도 없을 것입니다. 거리는 아비규환이 되겠지요.

사람을 사귀는 것은 이와 같습니다. 피할 사람은 피하는 게 상책입니다. 자신과 비슷할 거라고 판단하고 다가서면 이내 독한 방귀를 뀌는 황당한 경우가 많이 있지요.

신의란 상대가 나를 위해 헌신한 만큼 같은 크기로 헌신을 해 주는 것이라기보다는 상대의 헌신을 오래도록 값지게 간직하며 잊지 않는 것입니다. 상대가 한 만큼 해 주어야 한다는 생각은 단순히 빚진 자의 마음으로 변해 버리기 쉽고, 상대의 가치를 진정으로 존중하는 것이 아니기 때문이지요.

그런 사람은 상대가 한 만큼 상대를 위해 도움을 주기 힘듭니다. 마음만 앞서고 상대에게 기대치만 높여 주다가 오히려 상대에게 서운한 마음을 들게 하지요.

누군가 나를 위해 희생한 사람이 있다면 항상 마음속에 감사히 여기는 것이 먼저입니다. 마음의 빚이나 신세는 두고두고 오래도록 갚아 나가는 것이지 단숨에 갚는 것이 아닙니다.

만약 누군가가 당신의 선행을 오래도록 기억한다면 당신의 선행과 신의는 매우 가치 있게 보존이 되고 보람을 안겨 주는 것입니다. 선행은 이러한 마음가짐을 가지고 사람에게 해야 옳습니다.

어려운 환경에 처해 있을 때 누군가 그러한 위기를 벗어나고 견딜 수 있도록 내게 희망이 되어주고 용기가 되어주는 일을 했을 때 그것을 단순한 신세로 여길 수는 없는 일입니다.

사람과의 관계에서 이해가 부족한 것이 아니라 상대의 가치를 존중하는 것이 부족한 세상입니다. 상대의 가치를 존중하는 것은 이해를 하는 것보다 더욱 큰 가치를 지니며 갈등을 줄이는 수단이 됩니다.

누군가 이해를 많이 해 준다고 할 때 항상 그 밑바탕에는 존엄성이 깔려 있어야 합니다. 이해는 항상 오해와 벗하고 있습니다. 서로 이해하고 믿는 관계가 단순한 오해로도 금이 가고 상처와 실망을 안겨 주는 것은 기준 없이 상대를 이해하려고 해 왔기 때문입니다. 씨를 뿌리고 그 싹이 솟아나도록 정성을 들이고 열매가 맺도록 노력하는 한 땅은 인간의 정성만큼 풍성한 열매를 가져다주지만 인간은 그러하지 않습니다.

신의가 없는 사람은 정성을 갉아먹습니다. 갈등을 주고 연민에 상처를 남깁니다. 그래서 아니라는 결론이 선 사람에게 정성을 쏟는 일은 매우 무익한 헛수고인 것입니다.

사람은 많이 있습니다. 사람을 가려서 사귀거나 거릴 두지 않으면 안 됩니다.

자신의 인생에 깊이 받아들여야 할 사람이 있고 거리를 두어야 할 사람이 존재합니다. 시장에 나가 싱싱한 재료를 골라 사서 식탁을 차리면 음식을 먹는 일이 즐거운 것처럼 사람을 사귀는 것도 이와 같습니다.

강물의 양이 아무리 많아도
내 목을 적시는 것은 몇 모금이다.
아무리 주변사람이 많다 해도
내 아픔을 함께해 주는 사람은
단 몇 사람에 불과하다.
그러므로 자신이 힘겨울 때
돌보아주는 사람을 찾기보다는
힘든 때를 맞이하지 않도록
예비하는 것이 현명한 일이다.

15

희망은 인생의 도구

희망은 동기부여의 자정활동입니다.

우리의 하루는 빨리 지치고 우리가 시작하는 하루는 생각보다 불투명합니다. 현재의 혼돈과 미래의 불확실성 때문이지요. 우리가 설정하는 희망이라는 동기부여는 언제나 같지는 않습니다. 한동안 자신을 즐겁게 이끌어 온 일들이 어느 순간 자신에게 아무런 감흥이나 희망을 제공해 주지 않습니다.

희망의 굴절 현상은 우리가 그만큼 외로운 시대를 살아가고 있으며 그 세계의 슬픈 백성이라는 사실을 보여줍니다. 그러나 그대와 내가 해야 할 일은 희망과의 조우입니다. 중단 없는 희망의 굴 파기는 인생의 도구를 갖는 것과 같기 때문입니다.

그렇게 찾은 희망의 첫 대면의 시간이 지나고 나면 다시 아무런 동기부여가 되지 않는다 해도 우리는 지금 바로 자신의 내면으로부터 희망의 조건을 찾아 나서야 합니다. 그것은 쉬지 않고 해야 하는 숙명의 노동입니다.

자신이 남들보다 분명한 목표를 정하고 살아가고 있다고 자신하고 하루를 열어가지만 희망 찾기의 외출이나 만나기의 시도를 지속적으로 하지 않으면 얼마 가지 않아 기름 떨어진 차처럼 멈추어 서게 됩니다. 운전자가 기름을 넣기 위해 행동하는 것은 바로 인생 살기에 필요한 희망을 준비하는 과정과 같습니다. 기름이 떨어지기 전에 주유소에 주차해서 기름을 넣고 출발합니다.

하루의 삶을 운전해 가는 것도 이와 같습니다. 차량이 기름을 필요로 하듯이 지금 우리 자신에게는 희망이 필요합니다. 한 번 기름 넣고 일 년 사용하는 차량은 없습니다.

희망은 매일 매일 길어 올리는 샘입니다. 아침에 일어나거나 또는 잠들기 전에 우리는 잠시 조용하게 내면의 세계에 주차를 하고 자신을 지탱해 줄 여러 가지 긍정적인 요소들을 찾아내어 마음속에 심어 주어야 합니다.

삶의 도구는 바로 희망입니다. 희망이 없이 인생은 살아갈 수 없습니다. 마치 배가 노를 젓지 않고는 바다를 항해할 수 없는 것과 같습니다. 어려운 위기 속에서도 굴하지 않고 슬픔 앞에 좌절하지 않으며 언제나 살만한 가치가 있다고 격려하고 스스로를 위안하는 행위의 실천이 바로 희망입니다. 이러한 희망은 누구나 구하거나 가지려고 하면 자신의 곁을 떠나지 않고 있게 됩니다.

사실 희망 찾기의 작업은 그리 어려운 것이 아닙니다. 아주 단순한 것에서부터 시작이 가능합니다. 거울을 보고 '나는 소중해!' 라고 외치거나 더욱 예쁘게 꾸미는 것도 희망 찾기의 일종입니다. 어제보다 더 좋은 사람을 만나고 더 열심히 일을 하는 것, 힘들게 무거운 짐을 지고 걸어가는 분의 짐을 들어 드리는 것, 규칙적인 운동을 하는 것, 자기가 속한 회사를 위해 개인적인 시간을 줄이고 한두 번쯤은 밤새 불을 밝혀 일을 해 주는 것도 그러합니다. 평소보다 더 상냥하게 친구나 직장 동료에게 칭찬을 아끼지 않는 것, 자기가 좋아하는 취미 활동을 쉬지 않고 하는 것, 그리고 언제나 꿈을 꾸는 것, 이런 모든 일이 다 희망을 만나고 희망을 키우는 일이 됩니다.

작은 일들은 우리의 삶에 별 도움이 안 된다고 할지 모르지만 이런 작은 희망 찾기는 우리의 삶에 놀라울 만큼 변화를 안겨 줍니다.

희망은 이와 같이 저절로 다가오는 것이 아니라 자신이 선택하는 것입니다.

16

희생의 학습

우리는 남을 위해 헌신하는 일이 옳다는 것을 잘 알고 있습니다. 희생 뒤에 감겨오는 기쁨은 자신의 삶 전반에 긍정적인 영향을 미친다는 것에 동의하고 있습니다. 그러면서도 남을 위해 봉사하거나 희생하는 일에 인색한 것이 사실입니다. 왠지 남을 위해 헌신을 하면 자신의 행복에 균열이 오고 소유한 것이 반으로 쪼개질 것 같은 불안한 마음이 앞서기 때문입니다. 무엇보다도 희생이라는 말에 질리는 경우도 있습니다.

그런데 남을 위한 희생은 결코 자신의 행복을 반으로 갈라놓지 않고 손실을 가져오지 않습니다. 한마디로 손해가 없다는 이야기입니다. 오히려 남을 위해 희생을 하는 순간 나의 행복은 배가 되는 것을 느끼게 됩니다. 이 또한 큰 수고를 필요로 하지 않습니다. 희생은 기쁨을 보상으로 안겨 줍니다. 삶은 기쁨의 발견입니다. 살아가는 순간마다 기쁨을 쟁취하기 위해 우리는 그토록 많은 수고를 합니다.

자신이 원하던 것을 성취하는 것도 기쁨을 건져 올리는 일이지만 남을 위해 헌신하는 순간에도 같은 크기의 기쁨을 얻을 수 있는 것입니다.

작은 희생이건 적은 희생이건 기쁨의 결과가 없지 않습니다. 중요한 것은 우리 자신이 이러한 사실을 굳게 믿어야 한다는 것입니다. 봉사와 희생을 업으로 삼는 사람들이 더러 있습니다. 이런 사람들은 희생을 통한 기쁨이 자신이 많이 소유하는 것보다 크다는 것을 몸소 체험한 사람들입니다. 하나의 중독 현상입니다. 우리가 추구하는 행복의 기준을 달리 생각해 볼 필요가 있는 대목입니다.

그러나 남을 위해 희생을 하기 전에 자신을 위해 희생할 줄 알아야 합니다. 희생이 무엇인지에 대해 학습하기 위해서 그러합니다. 자신을 위해 희생을 하는 일은 바로 굴곡이 많은 인생 안에서 자신을 안전하게 지키는 일입니다. 남을 아끼는 것도 자신을 아끼는 기초 위에서 시작되어야 위기를 맞이하지 않고 넉넉하고 여유로운 마음으로 타인을 아낄 수 있습니다.

앞서도 말했지만 그렇다고 오직 자신만을 아끼려고 노력하는 것은 바람직하지 않습니다. 그러나 희생과 사랑의 가치를 깨닫기 위해 우리는 자신의 가치에 대해 먼저 눈을 떠야 합니다. 희생의 가치는 언제나 자신을 아끼는 훈련으로부터 시작이 됩니다.

풀 한 포기를 양육하는 데도 희생과 관심이 따릅니다. 자식을 키워본 사람이 남의 자식 소중함을 알듯이 자신을 아끼고 자신을 위해 희생할 줄 아는 사람이 타인을 사랑하는 방법에서 탁월한 능력을 발휘하게 됩니다.

이기적인 행동을 말하는 것은 아닙니다. 자신만을 생각하는 것은 진정으로 자신을 아끼는 것이 아닙니다. 어디까지나 여러 집단 내에서 자신의 역할을 함에 있어 공동의 행복을 실현시키는 건강한 구성원으로서의 책무를 다하도록 훈련시키는 것이 진정으로 자신을 아끼는 길이 됩니다. 특정한 사람을 지칭하지 않더라도 나는 누군가와 관계를 맺고 존재하기 때문입니다

행복은 타인과의 균형 속에서 형성되는 것이지 혼자 만드는 것이 아닙니다. 자신과 벗한 사람들이 골고루 행복을 나눌 수 있을 때 자신도 행복해집니다.

17

인생, 그 중심에 홀로 서서

인생의 모든 결과는 온전히 자신에게 책임이 따른다는 사실을 깨닫기까지 많은 시행착오가 있었습니다. 이것은 님들도 마찬가지일 것입니다.

어떻게 살아가야 하는가에 초점을 맞추어 진지하게 자문을 해 보기보다는 원망의 시간이 길었습니다. 당시 내가 행복할 수 있다고 믿었던 조건들은 그렇게 크지 않았습니다. 단지 내 곁에 부모님이 살아 계시는 것과 형제와 한 이불 속에서 서로를 간질이다 까르르 웃으며 살 수 있는 집, 그리고 끼니를 굶지 않는 날이 이어졌으면 하는 바람이었습니다.

나는 그러한 조건이 성립이 되었을 때 비로소 행복이라고 여기며 명랑하고 활달한 어린 시절을 보냈으나 얼마 지나지 않아 부모님이

제 곁을 떠나갔고 형제들은 뿔뿔이 헤어지는 상황에 직면하게 되었습니다. 나는 나의 모든 행복을 잃어버렸다고 판단하고 곧바로 한동안 실의에 빠져 버렸습니다. 세상은 낯선 그림자로, 검은 해일로 나를 덮쳐 왔습니다.

갑자기 변해 버린 낯선 풍경들로 도배되어 버린 인생은 참으로 넘기 힘든 벽이 되어 새장 속의 작은 새 같은 나의 작은 가슴을 에워싸기 시작했습니다. 하루를 살아낼 용기조차 제게는 남겨져 있지 않았습니다. 나는 당장 오갈 데 없는 상황에서 내 앞에 장엄하게 펼쳐진 치열한 존재의 화두 앞에서 용기를 내는 방법에 골몰해야 했습니다. 거리를 걸으면서 애써 웃어도 보았고 굶주린 배를 움켜잡고 산에서 난장을 치다가 하늘의 별을 벗 삼아 흐르는 눈물을 막아 내며 밤을 지새워 보았습니다. 나는 행복하기는커녕 슬픔에 단련되어야 했습니다. 죽지 않고 살아내야 하는 문제는 나를 에워싸고 있는 슬픔이나 외로움보다 컸습니다. 나는 갑작스럽게 나를 떠나간 형제와 부모님을 원망하지 않았습니다.

너무나도 그리운 그들이었습니다. 나의 슬픔은 좀처럼 수그러들지 않고 지워지지도 않았습니다. 그리워할수록 슬픔은 아교풀처럼 나를 붙잡고 늘어졌습니다. 그리고 잃어버린 가족을 그리워할수록 내게 돌아오는 것은 더 크게 자라 버린 그리움이었고 슬픔이었습니다. 시간이 지날수록 그리움은 밤새 자란 수풀처럼 번성했습니다. 살아 있다는 사실이 두려움으로 가득 채워졌습니다.

며칠 끼니를 굶고 나서 쓰레기통에 있는 음식 찌꺼기에 손을 내밀어 입으로 가져가면서 나는 처음으로 포만감과 함께 전해지는 행복을 느끼게 되었습니다. 배고픔은 나의 슬픔보다 더 간절하게 나를 몰아세웠습니다. 인생은 결국 혼자라는 사실이 가슴 밑바닥에서부터 치고 올라왔습니다.

그리고 비로소 내가 잃어버린 가족만이 내 인생의 전부가 아니고 행복이 아니며 내 앞에 다가온 삶을 어떻게 채워 나가느냐에 따라 또 다른 행복이 있다는 사실을 깨닫게 되었습니다.

나는 아무것도 모르는 어린아이였지만 스스로 내가 행복하기 위한 첫걸음을 하게 되었습니다. 말이 행복을 찾아 나서는 길이었지, 실제로는 한꺼번에 잃어버린 가족으로 인해 물안개처럼 번진 슬픔을 잊어버리기 위해 몸부림을 친 것이었지요.

인생은 철저하게 나와 일대일의 관계가 되었습니다. 아무도 나와 동반해 주지 않았습니다. 톱니를 세우며 세차게 불어오는 바람을 허허벌판 속에서 홀로 맞으며 우뚝 서 있는 나무처럼 저 또한 인생과 일대일의 싸움을 해야 했습니다. 인생을 홀로 맞이하여 살아가기에 저는 아직 어렸습니다. 단지 내가 깨우친 것은 세상에 아무도 없고 오직 홀로 서 있다는 사실이었습니다.

세상에 아무도 없고 혼자라는 사실은 아주 비정한 현실이었지만 그것은 인생이 나에게 내려 준 가장 값진 교훈이었습니다.

나는 더 이상 살기 위해 버려진 음식을 주워 먹지 않았습니다. 홀로 밤늦게까지 거리를 배회하지도 않았습니다. 신문배달을 하면서 허기진 배를 채웠고 스스로의 노력을 통해 삶과의 교제를 시작하게 되었습니다.

세월이 지나가자 부모님을 잃어버린 일도, 형제와 이별을 하게 된 일도 기억의 창고에서 서서히 사라져 갔습니다. 어린 날의 상처와 충격 때문인지 나는 긍정적인 일에 관심 갖지 않았습니다. 이러한 저의 생각은 20대 초반까지 이어졌습니다. 책임을 스스로에게 돌리지 않고 다른 요인으로 전가하는 저의 인생은 당연히 방황의 시간이 길 수밖에 없었습니다.

그러나 20대를 넘기면서 저는 모든 인생의 문제를 저 자신에게 전가했습니다.

나에게 없는 것과 반드시 내게 있어야 할 부모님이 곁에 없는 것, 배우지 못한 일까지 저는 모든 책임을 저에게 돌렸습니다. 나의 인생은 비로소 나의 도전을 통해 변화를 시작하게 되었습니다. 무수한 실패가 그림자처럼 나와 동거했습니다. 그러면서도 나는 인생의 중심에 홀로 서서 살아가야 할 이유 앞에 당당하게 임해 왔습니다. 나는 성공한 사람은 아닙니다. 별로 내세울 것 없는 아주 평범한 사람입니다. 그러나 나는 성공하는 것 못지않게 도전하기 위해 살아갑니다. 과정에도 영광이 있다고 생각하기 때문입니다. 그 기쁨은 성공 이상의 결과물입니다. 결과에 도달하지 못한 것이 실패가 아니라 중간에 포기하는 것이 실패입니다. 마라톤 선수는 도달하는 순간이 아니라 달려가는 순간 위대합니다. 삶도 마찬가지입니다. 과정의 가치를 소중하게 여기지 않는 것은 우리 모두가 결과에 빠져 있기 때문입니다. 결과는 물론 중요합니다. 그러나 모든 살아가기는 결과에 머물기보다는 과정에 머물러 돌아갑니다. 성공을 향해 달려가는 과정은 우리 자신뿐 아니라 타인에게 박수갈채를 보내 주어야 할 중요한 자산입니다. 우리는 우리 자신과 타인에게 과정의 결과에 대해서 박수를 치는 일에 매우 인색합니다.

우리가 스스로의 가치를 홀대하고 쉽게 비관하거나 실의에 빠지는 것은 과정을 소중하게 생각하지 않거나, 성공하지 못한 모든 과정은 무의미하게 생각하기 때문입니다.

축구선수가 발로 찬 공은 골대 안에 머물지만 인생의 공은 머물지 않습니다. 그것은 쉬지 않는 달려가기입니다.

축구경기에서 공이 골문에 들어가기까지 무수한 시도와 도전을 필요로 합니다. 땀을 흘리지 않거나 뛰어가지 않고 골을 넣을 수 없는 것처럼 인생의 경기도 마찬가지입니다.

골을 넣기 위해 달려가는 선수가 발로 찬 공이 골문에 들어가지 않았다고 그를 비난하지 않습니다. 골을 집어넣기 위해 무수한 시도를 하기 때문에 축구 경기가 멋있는 것처럼 인생을 살아가는 것도 이와 같습니다.

나와 여러분은 인생의 축구선수입니다. 나는 오늘도 내일도 성공이라는 골문에 공을 넣기 위해 달리고 시도하는 일을 멈추지 않을 것입니다.

무수한 시도와 치열한 대응의 삶은 언제나 좋은 결과로 자신을 이끌어가기 때문에 과정의 가치를 중시할 필요가 있습니다.

성공은 어느 순간 점화되는 불이 아닙니다. 성공의 불은 아랫목에 따스한 기운이 서서히 감겨 오듯 달아오릅니다.

나무가 열매를 맺기 위해서는 한 알의 씨앗으로부터 출발합니다. 한 번에 자라는 나무는 없습니다. 이와 같이 성공은 과정을 통해 도달합니다. 지나간 시간의 자취 없이는 현재가 없는 것입니다.

그러므로 무엇이든지 시작하는 일은 그 자체가 귀한 흔적입니다. 선택한 도전이 무모하거나 예측을 빗나갈지라도 과녁을 향해 화살을 날리듯 무수한 시도는 결과에 근접하도록 해 줍니다.

예비 성공자와 이미 성공한 사람의 차이는 아주 미미합니다. 그러나 세상으로부터 받는 박수는 후자가 큰 법입니다.

지금 세상의 성공은 누가 얼마나 더 가졌느냐로 귀결되고 있습니다.

그렇다고 그것이 성공의 종결이냐 하면 그러하지는 않습니다.

성공은 다음 단계의 과정으로 들어서게 합니다. 뿌리를 박은 성공은 없습니다. 실패도 마찬가지입니다. 영원한 실패가 없는 이유입니다. 세상은 그대가 무엇을 가졌고 무엇을 이루었느냐 채근합니다. 그 자신에게도 마찬가지로 스스로를 몰아세웁니다.

많은 것을 가졌으면 성공한 인생이고 많은 것을 가지지 못했으면 성공하지 못한 인생이라고 채근합니다. 그래서 사람들은 반드시 성공할 일이 아니면 애당초 도전하지 않습니다.

성공할 수 있는 일들만 찾아 나서다가 막상 새로운 시도나 도전은 하지 못하고 시간만 보내게 됩니다. 황금의 시간은 아무런 일도 하지 않고 탐색하고 고민하다가 흘러가 버리게 됩니다. 이러한 시류에 붙잡혀 가는 것은 엄밀하게 따진다면 자신의 인생이 아닙니다.

많이 가진 자는 영웅이 되고 못 가진 자는 패자의 우물에 갇혀 버립니다.

이러한 사회적 풍토는 시도하는 것만으로는 제대로 평가를 받을 수 없습니다. 이러한 세상은 개인마다 혹독한 훈련과 노동을 요구합니다. 그리고 그 노동은 고달프고 고독하기 그지없습니다.

소득의 크기가 성공의 잣대가 되는 세상은 언제나 적당하게 자족하며 살아가는 사람들을 감소시킵니다.

문명의 오판은 여기서 시작됩니다. 가진 자와 가지지 못한 자가 가져가는 행복의 차이는 너무나 대조적이 되어 버립니다.

온갖 방법을 동원해서 잘되기 위해 몸부림치는 광대들이 불을 밝히는 도시의 아침은 그래서 무겁습니다. 무엇을 해 왔고 무엇을 하고 있느냐는 중요하지 않습니다. 이런 평가 기준은 나와 너를 치열한 경쟁의 무사로 남게 합니다.

힘이 들면 쉽게 중도에 포기하고, 가진 것이 없으면 아무것도 하지 못하며, 자신의 영달을 위해 타인의 재물을 탐내거나 스스로 치열하게 살지 못하게 하고, 노력은 하지 않고 쉽게 성공하기 위해 온갖 방법을 동원하여 사기를 치는 사람들이 많은 세상이 된 것은 바로 과정을 중요시하지 않기 때문입니다. 세상에 무모한 도전은 존재하지 않습니다. 예를 들어 산은 정상에 도달한 자나 정상에 도달하지 않은 자나 함께 품어 줍니다.

그래서 등산을 하는 사람은 앞서가는 자를 부러워하지 않고 뒤에 처진 자를 조롱하지 않습니다.

나의 전 생애는 실패와 도전으로 얼룩져 있습니다. 하지만 골을 넣기 위해 계속해서 인생의 경기장을 달려간다는 점에서 나는 건강한 선수입니다. 인간의 생애는 참으로 길고 시간은 넘쳐납니다. 다만 각자가 일을 함에 있어 시간을 낭비하는 일이 많기 때문에 인생이 짧은 것입니다. 결과를 탐색하다 시간을 보내기보다는 무엇이든지 달려들어 일을 시도하는 것이 진정으로 후회 없는 삶으로 다가서는 지름길이 됩니다.

이것은 되고 이것은 안 된다고 망설이고 주저하는 사람이 많은 세상보다 가리지 않고 도전하는 사람이 많은 세상이 더 희망이 넘치는 세상입니다.

18

베풀지 않고 얻을 수 있는 것은

남에게 베풀기는 싫어하면서 받기만을 좋아하는 사람들이 많습니다. 또한 베푼 것은 작으면서 받는 것은 크게 받으려는 사람이 있습니다. 반드시 받은 만큼 주고 살 수는 없지만 베풀지 않고 받기만을 바라는 것은 왠지 심보가 고약해 보입니다.

그런 사람들은 상대에게 주면 준 만큼 받지 못할까봐 걱정하고 살아갑니다. 애초부터 받기만 하지 베풀려는 마음이 없는 인색한 사람인지도 모릅니다.

누군가에게 준다는 것은 내 행복의 눈높이를 올리는 길이 된다는 사실을 전혀 모르는 사람일 수도 있습니다. 그런데 인생은 베풀지 않고 받기만 할 수는 없습니다.

벌이 꿀을 주지 않는데 꽃을 찾을 리가 없듯이 타인을 위해 무엇 하나 준비하지 않는 사람에게 사람이 다가올 리가 없고 언제까지나 받고만 살 수는 없습니다. 서로 의지하고 주고받는 데서 인정이 싹트고 삶은 싱그럽게 펼쳐져 갑니다. 주고받는 것은 인생 미덕의 산출입니다.

받기만 하는 사람은 베푸는 것에 갈수록 인색해지고 나중에는 아무에게도 받지 못하게 됩니다. 받는 것은 주는 것보다 내 행복에 크게 영향을 주지 않습니다. 주고받는 것은 미덕이지만 되돌려 받기를 기대하지 않고 주는 것은 높은 단계의 자기완성입니다. 베푸는 순간 이미 상대에게 기쁨을 받기 때문에 받기를 기대한다는 것은 시간이 지나갈수록 상실과 실망으로 돌아옵니다. 내가 상대에게 잘한 것이 상대로부터 돌아오는 것이 아니라 예기치 않았던 다른 상대로부터 베풀었던 크기만큼 또는 그 이상으로 되돌려 받게 되는 게 인생입니다.

이것이 선행의 업보입니다.

그래서 자신이 베푼 것을 당장 상대에게 다시 받으려는 마음을 갖지 않아도 충분히 보상은 이루어지게 되는 것입니다. 상대에게 해 준만큼 아무것도 받은 것이 없다며 투덜대면 댈수록 우리는 상대에게 베푸는 일로 해서 불행해져 가거나 깊은 슬픔 속에 빠지게 됩니다.

사실 우리가 가난하거나 슬픔에 빠져 있는 이웃에게 무엇인가 베풀 때는 그와 동시에 전이되는 특별하고 묘한 기쁨이 있습니다. 그것은 남에게 베풀거나 선행을 할 때 되돌려 가질 수 있는 벅찬 환희입니다. 그러한 기분만큼 행복한 보상은 없습니다.

모든 선행의 기쁨과 행복은 베푸는 그 순간부터 완성이 됩니다. 베푸는 것은 단순히 덕을 쌓는 것이 아니라 자신이 매일 매일 행복해지는 길입니다.

19

삶이 그대에게 바라는 것

그대가 어른이 되기 전 삶은 바라는 것이 있습니다. 준비하고 나오세요. 삶은 매우 냉혹한 병사입니다. 그대와 다툼을 즐기고 그대를 굴복시키기 위해 전의를 불태우고 있는 전사입니다. 먼저 앞선 많은 사람들이 철저하게 준비하고 살아왔으나 그들 또한 삶의 광야에서 쓰러지기를 반복하여 왔습니다. 배짱도 좋고 혈기도 좋으나 조금 더 준비해야 합니다. 이 정도면 되겠지, 더 이상 준비할 게 뭐 있겠어. 지혜롭지 못한 자만으로 마침표 찍고 선을 긋지 말고 해야 할 과제물로 그대 가슴에 불을 질러야 합니다.

배가 없으면 넓은 대양을 건너지 못하고 지식이 없으면 세계와 대적하지 못합니다. 연마하지 않고 나다니면 넘어짐의 연속입니다. 칼을 칼집에 꽂고 다닌다고 해서 모두 무사는 아닙니다. 그 칼이 나무를 벨 수 있어야 진정한 무사이듯이 준비하지 않은 설계는 이내 실패의 그림자와 손을 잡게 됩니다. 삶이 자신을 속인다는 생각을 갖게 되는 순간은 그대가 삶을 살기 위해 제대로 준비하지 않은 바로 그 시점부터 시작됩니다.

삶을 원망하고 신세를 한탄하며 타인이 성취한 성공과 행복을 시기하는 순간은 그대가 세상을 나오기 전 제때 배우고 익히는 작업을 제대로 하지 않은 바로 그 시점부터 시작됩니다. 제때 배우고 익히며 준비를 많이 한 사람은 삶을 원망하거나 탄식으로 시간을 낭비하지 않으며 스스로 성공의 성을 쌓아갑니다. 얻는 모든 것이 노력의 산물입니다. 이들에게도 위기와 실패가 있습니다. 그러나 그들은 그곳에 오래 머물지 않습니다.

삶이 내게 주는 포상이 작거나 성공과 다른 위치에서 고전을 면치 못하는 것은 저마다 준비에 소홀하기 때문입니다. 넘어짐의 많은 요인은 다른 누구도 아닌 자신으로부터 출발합니다. 준비하지 않고 삶 안으로 들어섰다면 그대는 상처라는 용광로에 데어 평생 삶을 어둡게 바라보는 형벌을 갖고 살아갈 수도 있습니다.

삶은 이토록 비정한 현실입니다. 내가 세상의 중심이 되지 않으면 삶은 고뇌의 잔치로 변하고 맙니다. 언제나 살아가야 할 이유보다 포기해야 할 이유가 많은 삶은 오늘에 주저앉아서는 안 되는 영광스러운 도전의 무대입니다.

20

사랑 그리고 변화

사랑은 둘 사이를 바삐 오가는 감미로운 터널이었다가 미움이나 불신에 감염되기 시작하면 오직 자신만이 짊어져야 하는 어려운 숙제로 남겨집니다. 단 하루라도 살피지 않거나 다정다감하게 보살피지 않을 때 이내 차가워져 버리는 애물단지가 되는 것이 사랑입니다.

사랑의 변화는 아주 작은 것에서부터 출발합니다. 사랑의 명맥을 유지시키는 것은 작은 관심이지요. 한번 사랑을 갖게 되면 상대를 위해 많은 것을 주고자 하는 욕망을 갖게 되어 작은 것에 소홀하기 쉽도록 감정을 이끌어갑니다.

많은 남녀가 죽도록 사랑을 하면서도 외로운 원인이 여기에 있습니다. 이 작은 변화는 사랑하는 사람들이 사랑하기에 쉽게 저지르는 아름다운 실수입니다.

사람은 자기가 사랑하는 크기만큼 상대를 배려하고 포용해야 한다는 강박관념을 가지고 있습니다. 이러한 생각이 우리 각자가 상대를 위해 거창한 설계를 하도록 이끌어 갑니다. 그러나 생각과 달리 놀랍도록 오래 지속되는 커다란 기쁨은 잘 준비되지 않습니다. 한 번에 큰 선물 꾸러미를 주고자 한다면 그 기쁨은 순간을 들뜨게 할지라도 오래도록 여운을 가져다주지 않습니다. 사랑이 기뻐하거나 감동하는 것은 큰 것을 주고받기 때문이 아니라 작은 것을 지속적으로 전달해 주는 우편배달부 아저씨 같이 언제나 한결같은 배려입니다. 사랑은 지속적으로 문제를 풀기 위해 고민하고 준비하지 않으면 해결되지 않는 숙제와 같습니다. 사랑의 모든 문제는 미완의 연속입니다. 해법을 찾기 위해 바치는 수고로움이 없이는 아름다운 단계로 승화되기 어렵습니다. 정성스레 싹틔운 사랑을 잃거나 그만 놓아버려야 하는 서글픈 사랑의 낙제생이 되고 마는 것입니다.

이 엄중한 진리는 누구의 사랑이든 적용됩니다. 사랑은 어떻게 가꾸느냐에 따라 사랑한 만큼 멀어지기도 하고 애초의 출발시점보다 더욱 가까워지기도 합니다. 썰물과 밀물의 차이 안에서 그네를 타듯 사랑은 재주를 부리는 피에로인 것입니다. 사랑의 등식은 언제나 아주 간단하고 단순합니다. 사랑+배려+노력+지킴+책임입니다. 가만 놓아두어도 성장하는 사랑은 없습니다. 수고로움이 없이 제 할 일을 다하게 되는 것은 높은 데서 아래로 흐르는 물줄기뿐이지요. 사랑을 지키기 위해 아무런 노력이나 바쳐지는 수고로움 없이는 반드시 사랑했던 만큼 멀어지는 독감에 감염되고 맙니다. 이별의 전운이 감지되는 것은 수고하지 않는 사랑이지요. 따라서 작은 배려는 사랑을 지키는 가장 안전한 파수꾼입니다.

21

만남과 상처

처음 만나 하나 되는 순간은 사랑의 높은 희열이 가슴을 진동해 옵니다. 보고 만지는 단순한 것에서 신비한 감정이 세상을 환하게 비추기도 하고 벅찬 기쁨의 단계로 이끄는 작용을 하지요. 세상을 아름답게 조망하게 만드는 매우 몽환적인 이 환상은 두 사람이 다른 곳을 응시하지 않고 오직 앞의 상대만 느끼고 있기 때문에 가능한 자기 최면과도 같습니다.

그렇습니다. 남녀의 사랑은 상대를 강하게 느낄 때 사랑의 화로는 불씨를 만들어 냅니다. 오직 단 하나를 향해 집중하지 않으면 사랑은 폭발하지 않고 활동하지도 않습니다. 상대를 간직하는 느낌이라는 집이 없는 만남은 사랑하는 사이가 아닙니다. 상대를 위해 자신의 감정을 모두 열어 놓는 것이 사랑의 출발입니다. 강렬하게 느끼는 순간 사랑의 불은 점화가 됩니다. 그렇습니다. 사랑은 관심의 폭발입니다.

상대와 헤어지고 나서도 사랑의 감정이 요동치고 넘치는 열망을 주체하지 못하며 가슴이 설렙니다. 부정적이든 긍정적이든 상대를 느끼고 있다는 자체는 사랑이 멈추지 않고 진행 중에 있다는 것입니다. 상대가 없이는 살 수 없을 것 같은 힘겨움이 사랑을 증명합니다.

서로 종종 다투는 관계보다 무관심한 사이에 벽이 더 많은 것을 알 수가 있습니다. 사랑의 종결은 바로 무관심입니다. 그때는 이미 다른 방향으로 돌아가면서 떠나는 이유를 찾고 헤어질 동기를 찾습니다. 그것도 상대의 단점에 취하면서 말입니다.

하나만을 요구하고 하나밖에 보이지 않는 참으로 아름다운 남녀의 사랑도 서로에게 상처를 입게 되면 별 저항 없이 쓰러지고 마는 무력한 졸병이 됩니다.

그토록 견고한 성을 가진 사랑도 단순한 상처로 무너지고 균열이 가기 시작합니다. 이별의 수순을 밟기 시작하는 동기는 모두 상처의 밭에서 싹트기 시작합니다. 무시, 독단, 이기심, 배려 없는 행동, 막말 등이 상처를 쌓이게 하는 원인입니다. 검사를 받지 않고 몸속의 암이 발견되려면 암세포가 신체의 일부를 정복하고 나서입니다. 고통을 호소하는 상태가 되면 이미 생명은 위태한 지경에 이른 것입니다.

우리가 상대에게 주는 상처는 처음에는 지워지고 이해되는 듯합니다. 그러나 상처받은 마음은 마치 암세포처럼 몸속에 남겨지면서 사랑의 가치와 열정을 갉아먹습니다.

누군가에게 상처를 주고받는 일을 반복하면서 살아가는 우리는 우리가 이해하고 넘어갔다고 여긴 상처가 지워지지 않고 그대로 남아 있다는 사실을 느끼곤 합니다. 그 기록은 영원히 남아 있습니다.

삶이 자신을 속여서 상처받는 원형의 크기보다 사랑 때문에 상처

받는 부피가 더 큰 이유가 여기에 있습니다. 상처는 한 발 두 발 상대로부터 멀어지도록 밀쳐내는 독한 가스로 변하게 됩니다. 사랑하는 이유보다 사랑하지 않는 이유가 더 많아지도록 일깨우는 독침이 되지요. 사랑으로 아름다운 삶을 소망하면서 예쁘게 유지해서 백년가약 맺는 사랑은 그리 흔하지 않습니다.

상처로 감염이 되고 마음이 상하게 되는 그 시점부터 우리 자신은 서로 소중하게 가꾸어 온 사랑에게 상처를 주는 일을 너무 쉽게 합니다. 소위 상대를 흠집 내기 위해 사랑과의 전쟁을 치르는 전사가 되어 가는 것입니다.

우리가 언제 사랑을 하고 숨 막히는 밀애를 즐기었나 싶게 완전히 다른 관점에서 서로를 바라보게 됩니다. 사랑과 만남이라는 관계가 서로 갈라서지 않는 불가분의 운명이기를 희망하면서 갈수록 상대가 상처받는 일을 습관처럼 하게 됩니다.

둘이 가꾸어 온 화원에서 향기는 사라지고 둘만이 오고가는 교량은 건널 수 없는 빨간 신호등이 생기게 됩니다.

한번 멀어지면 가까워지기 힘든 게 사랑입니다. 한번 꺼지면 다시 점화되기 힘든 것이 사랑입니다. 등을 보이고 돌아서 갈 때 다시 마주 보기 힘든 것이 사랑입니다. 사랑은 그만큼 재생이 잘 되지 않습니다.

모든 생명이 한 번 죽으면 다시 살 수 없듯이 사랑의 불이 꺼져 이별하면 다시 복구되기 힘든 슬픈 운명의 인형과 같습니다.

22

이별은 어떻게 오는가

사랑이 식어갈 때만 이별의 대문이 열리는 것이 아닙니다. 죽도록 사랑하는 순간에 더 많이 찾아옵니다. 이별하는 사람들이 사랑한 만큼 괴로움을 바쳐야 하는 이유가 여기에 있습니다.

어느 날 갑자기 이별의 순간이 찾아온 것이 아닙니다. 각자의 생활 습관 속에서 이별 열차는 우리들을 향해 아주 조금씩 출발해 왔음을 알게 됩니다.

사랑의 희열에 갇혀 지내는 동안 자신들의 사랑이 영원하다는 확신 속에 살아가기 때문에 이별 열차가 자신들을 향해 다가온다는 사실을 잘 눈치채지 못합니다. 이별하는 사람들이 슬픈 이유가 여기에 있습니다.

미처 생각하지 않았으나 자신이 관여해 온 결과임을 깨닫는 순간

이별 열차는 상대를 싣고 돌아오기 힘든 길로 떠나갑니다.

한 번 출발한 이별 열차는 정거장이 없어 세우기가 여간 어렵지 않습니다.

23

사랑의 가치

서로 상대를 사랑하면서 다툼이 많은 사이가 있습니다. 물론 사랑이 부족한 것은 아니나 서로를 생각하는 관점이나 바라보는 삶의 방향이 다르기 때문이지요. 이 불균형은 종종 깊이 사랑하는 이에게 집착 증후군이 되어 화합하기보다는 다투는 함정에 자주 빠지게 됩니다.

사랑의 본질은 화합이고 하나로 연결해 주는 통로이지만 자신의 입장에서 생각하다 보면 그 다리는 오히려 하나로 가는 길을 막아서는 장애가 되는 것이지요. 자신의 기준에 빠지는 사람들은 언제나 이러한 모순에 빠져 사랑이 가지고 있는 즐거움과 희열을 만끽하지 못하고 사랑의 상처로 아파하지요. 분명한 것은 아무리 서로 사랑하는 사이일지라도 그 사랑의 크기는 다르다는 것입니다. 어느 한 쪽이 작을 수도 있고 클 수도 있습니다. 어느 한쪽은 배려가 있고, 어느 한쪽은 배려가 부족할 수도 있습니다. 그러나 사랑은 이러한 차이를 인정하지 않으려는 욕망과 가까이 하고 지냅니다. 이런 욕망을 오래도록 깊이 간직할수록 관계는 불안할 수밖에 없습니다.

같은 크기와 같은 모양으로 함께 사랑하려는 마음은 아름다운 소망이지만 서로 다른 사람이 만나 본질적으로 다를 수밖에 없는 상대를 존중하고 인정을 해 주어야 합니다. 상대를 추궁하며 사랑의 크기를 재기 시작하면 이내 사랑은 균열이 가기 시작합니다. 서로 다른 크기와 모양을 가지고 있으면서 준 만큼 받고자 하는 사랑은 이기적인 마음이 자라고 다툼의 도화선이 되는 것입니다.

사랑이 아름다운 것은 받지 않아도 상대를 사랑할 수 있기 때문입니다. 사랑이 숭고한 가치를 지니는 것은 받기보다는 먼저 줄 수 있기 때문입니다.

사랑을 하면서 행복한 이유는 자신의 입장이 아닌 온전히 상대의 입장에 설 수 있기 때문입니다. 서로 다르지만 이렇게 긍정적인 요인이 많은 것이 사랑입니다. 건강하고 지혜로운 사랑은 상대가 나와 같은 크기의 사랑을 할 수 있다는 것과 준 만큼 받고자 하는 욕망으로부터 자유롭습니다.

서로 다른 사랑이 만나 그 다른 사랑을 사랑해 주고 아껴 줄 때 서로의 사랑은 빛을 발하고 승화될 수 있습니다.

24

멀어진 만큼 가까워지기 2

이미 멀어진 사랑은 한 순간 삶의 비극이 되고 동행의 길을 막아서는 다리가 됩니다. 가까이 할수록 다툼의 감정만 숲이 되어 무성할 뿐 미움의 유물만 남아 서로를 질시하게 되지요. 함께 거닐던 시간 앞에 엄숙하기보다는 원치 않은 치욕의 날을 비에 흠뻑 젖어 질주하듯 응어리진 감정을 되짚어 삭이느라 서로는 여념이 없습니다.

상대와 멀어진 이유는 저마다 타당하다고 항변을 하지요. 그러나 타당한 이유가 헤어짐의 결말로 막을 내리기 전에 잠시 차 한 잔의 여유를 가져야 합니다.

멀어진 사랑도 노력 여하에 따라서 다시 가까워질 수 있기 때문입니다. 원망으로 지새운 날들도 서로 멀어진 만큼 사랑하면 다시 기쁨으로 들뜨는 꽃의 제전이 전개되는 사계가 됩니다. 기원하지 않아도 모든 인연이 기도로 바뀌고 상대는 처음처럼 그대 안의 숙명으로 다가서게 됩니다. 멀어진 거리는 다시 돌아갈 수 없는 미로가 아니라 멀어진 만큼 다시 사랑할 수 있다면 멀어진 거리는 사랑을 되살리는 묘약이 됩니다. 오늘 우리에게 주어진 과제는 얼마나 사랑하고 사랑할 수 있는가 깨우치며 오던 길을 되돌아가 상대를 힘껏 안아주는 것입니다. 멀어진 이유를 땅 속 깊이 묻고, 오만의 격정과 이기심의 샘물을 비우고 사랑할 이유만을 찾아 상대의 가슴 속을 수시로 순례해야 합니다.

25

미 움

사랑은 삶이 경작하는 가장 아름다운 곡식입니다. 슬픔을 기쁨으로 바꾸어 놓는 마술과 다르지 않습니다. 이토록 신비한 체험은 사랑이 인간에게 없어서는 안 되는 감동적인 열매임을 알게 합니다. 인간은 사랑으로 완성이 됩니다. 하지만 언제든 달콤한 열매만을 주는 것은 아닙니다. 사람을 가장 무섭게 추락시키기도 하고 견딜 수 없는 고통의 무게와 마주하게 합니다.

사랑은 많은 지뢰밭을 가지고 있습니다. 돌풍을 몰고 다니며 마른 대지 위에 날벼락을 치면서 사랑이 가져다 준 환희와 기쁨의 옷을 벗겨 알몸으로 흐느끼도록 합니다. 충실하지 않은 관계는 사랑이 분노로 바뀌는 아픔을 톡톡히 맛보아야 합니다. 실망이 미움으로 바뀌고 다시 미움은 고이 간직한 사랑을 침략하기 시작합니다.

미움은 어느 일방의 산물이 아닙니다. 어느 한쪽이 다른 한쪽을 미워하는 일은 없습니다. 사랑의 불이 양쪽의 가슴에서 타오르듯이 미움도 그러합니다. 아주 작고 사소한 일에서 미움의 불은 타오르게 됩니다. 사람들은 미움의 불을 끄기 위해서 수고하는 것을 꺼려합니다. 그러나 불을 끄기 위해 노력하지 않는 순간부터 사랑은 금이 가기 시작합니다. 사랑이 미움으로 대체되는 순간은 죽음보다 더 아픈 열병을 앓아야 하지요.

그것도 사랑했던 크기만큼 미워하도록 이끌어 줍니다. 사랑이 알려주는 이 훈장은 다가올 상처를 위해 예비하는 곡식이 됩니다.

그러나 미워하는 마음은 사랑을 실어 나르는 열차와 같습니다. 사랑과 미움은 같은 감정의 움막 속에서 동거합니다. 미움은 사랑과 함께 거닐고 사랑의 불을 내 안에서 더욱 번지게 합니다.

지금 그대가 누군가를 미워하고 있다면 미워하는 만큼 사랑하고 있다는 것을 증명합니다. 그러므로 그대의 사랑은 누구보다 건강하기에 벼랑 끝에서 홀로 울부짖을 필요가 없습니다.

미리 이별을 예단하여 상대 없이 들판을 거닐지 말고 홀로 세상에 나가 외로움이라는 옷을 갈아입지 마십시오. 미워하는 마음은 사랑의 적대가 아니라 사랑을 향한 연민의 총알입니다. 다만 오랫동안 미워하는 노동을 삼가면 됩니다. 미움은 사랑의 벽을 깨부수고 영원한 이별을 몰고 오는 돌풍이 될 수 있기 때문입니다.

26

사랑이 멀어지는 이유 1

사랑은 모진 바람 맞서내는 사막의 선인장 같으나 천년 사랑의 선언도 세월 앞에 고개 숙여 스르르 풍화됩니다. 저마다 화를 참지 못해 격렬하게 다투는 사이, 하나로 뭉쳐진 사랑의 노는 먼 길 떠나지 못하고 다툼의 그늘에 사로잡혀 제 할일 못한 농부처럼 적색 신호등 앞에 정박하고 아교풀같이 끈끈하던 사랑은 조금씩 멀어지도록 합니다. 맹렬하게 맞붙은 다툼은 암울한 세상 물들이는 모든 시기의 신들을 모아 어둠을 부르고 슬픔의 비를 내리는 마법사의 주문과 같이 독 묻은 화살촉보다 더 깊이 더 넓게 깊은 상처를 남기게 됩니다.

넘어서는 안 되는 정지선을 넘나들며 오가는 욕설과 비난으로 요란스레 살풀이하는 사이 사랑은 침략자의 군홧발에 밟힌 사과 상자처럼 금세 부서져 버리게 됩니다. 상대가 소중히 여기는 것 알아서 챙기는 데 소홀하고 관심 두는 작은 취미 하나 보듬지 않고 먼 산 보고 고개 돌리는 사이 같은 방향을 향해 걸어가던 두 사람의 사랑은 방향타를 서서히 바꾸어 각자 조금씩 다른 곳을 향해 걸음을 옮기기 시작합니다.

우리가 언제 사랑하던 사이인가 소매를 걷어붙이고 적의의 화살을 겨냥한 채 거친 숨소리로 쏘아붙일 때, 사랑의 심장 소리는 불규칙해지기 시작합니다.

둘이 함께 있어야 할 곳에, 함께 가야 할 곳에 동행하기를 기피하고 상대가 원하는 것은 외면하며 자신의 관점 영토 안에 가두려고 할 때에도 거리는 멀어집니다.

더 나아가 상대를 외롭게 하는 것은 뛰어가며 멀어지도록 방치하는 가장 어리석은 행동입니다. 철저하게 혼자라는 생각이 머릴 스쳐가도록 하는 순간 사랑은 다른 성문을 찾아 거릴 나서게 됩니다. 상대는 다시 돌아오는 길을 힘들고 지루해 할 만큼 아주 멀리 가 버리게 됩니다.

이런 순간은 몸만 함께 있을 뿐 서로 다른 느낌의 창살에 갇혀 버린 것과 다르지 않습니다. 인간은 혼자만의 시간이 필요합니다. 그러나 오히려 사랑하는 상대와 함께 자유롭기를 소망하고 있습니다. 상대를 위한다는 배려로 상대의 의중을 안다는 뜻으로 외로움에 노출된 상대를 혼자 여행을 가도록 한다든가 잠시 별거를 권하는 사람도 있습니다. 외로움을 치유할 향료를 찾지 않고 함께 행복해야 할 비법을 찾지 않고 그 자신 쓸쓸한 바람을 불어 온 당사자인 줄 모르고 혼자만의 자유를 갖지 못해 저리도 외로워하는 것인가 고민하여 홀로 놓아둘수록 사랑은 멀어지는 그늘 속에 갇혀 버리고 말게 됩니다.

사랑은 혼자 자유로운 것이 아닌 함께하면서 자유로우며 행복한 것이어야 합니다. 혼자 놓아두는 것은 둘만의 시간이 부자유했거나 상대에게 충분한 행복감을 안겨주지 않았기 때문입니다. 그러기에 함께 있는 상대가 불행해 보이고 측은해 보여 혼자 있기를 권고하게 됩니다. 상대는 그대의 사랑과 관심을 원하고 있는데도 말입니다 사랑이 금이 가고 멀어지기 시작한 시점에서 혼자 있게 해 주는 것은 영원히 이별하자고 권하는 것과 다르지 않습니다.

27

사랑이 멀어지는 이유 2

순간적으로 이별을 감행한 대다수의 사람들은 정작 무슨 이유에서 이별을 하게 되었는지 잘 알지 못합니다. 감정에 복받쳐 이성적으로 대처하지 못하다 보니 깊이 생각하며 헤어지는 사람들은 별로 없습니다. 이별이 자신에게 문제가 있었다고 생각하는 사람 또한 거의 없습니다.

모든 이별은 상대의 결점을 발견하고 그 결점을 수용하거나 이해하지 못하는 가운데 출발합니다. 사랑할 때는 함께하지만 이별의 책임은 서로 지지 않으려고 합니다.

이런 모순을 즐기지 않는 남녀는 거의 없습니다. 마주 보는 서로가 멀어진 것이 문제가 아니라 멀어진 이유를 모르는 것이 문제입니다. 사랑을 하지 않는 것이 문제가 아니라 사랑을 하고도 사랑을 가지지 못하는 것이 문제입니다.

백년가약을 맺는 것이 중요한 것이 아니라 변치 않는 마음으로 맺어지는 것이 중요합니다. 사려 없는 말로 사랑의 성은 무너져 내리고 둘만이 걸던 구름다리는 건너갈 수 없는 금단의 다리가 되고야 맙니다.

마음먹고 작정한 이별이 아닌 다음에야 이별은 이렇듯 아주 작다고 생각하는 한 마디의 말로 인해 멀어지는 여행의 첫 신호가 울려 퍼지는 것입니다. 당신의 사랑이 처음보다 거리가 멀어졌다면 멀어진 만큼 가까워지기 위한 시도를 해야 합니다. 사랑 찾는 순례를 해야 합니다.

사랑은 다시 붙는 접착제와 같아서 이전과는 다른 관점에서 상대를 이해한다면 멀어진 그대와 다시 가까워질 수 있습니다. 상대가 등을 보이고 싸늘한 미소를 머금을지라도 심중에 타고 있는 아직 꺼지지 않은 사랑의 불씨를 발견하여 바람을 막고 비를 막고 그 불씨를 다시 살리려는 수고를 해야 합니다. 이미 끝난 것은 아닌가 황급히 속단하여 스스로 사랑을 놓아 버리는 우를 범하면 안 됩니다. 지키지 않는 사랑은 모두 떠나가게 되어 있습니다. 보초병이 없는 성이 함락당하는 것과 같습니다.

지키려고 노력하는 한 어떤 사랑도 떠나가지 않습니다. 그대가 지키면 사랑은 도둑맞지 않습니다.

28

머물 터라도 좋은 곳을 - 희진실을 생각하며

지금은 어디쯤 가고 있는가! 산 자들의 위로를 받고 국민 모두 저마다 흐느끼며 바라는 것처럼 세상에서 가장 편안한 곳에 정박하였는가. 그곳 어두운 세상이 그대의 고통을 해갈시켜 주었는가. 조급하게 걸어간 그 길이 그대를 괴롭히던 아픔을 치유해 주었는가. 세상을 원망하던 미움은, 눈발처럼 떨어지던 악플은 용서하였는가. 고공의 하늘 어느 쉼터에서 세상 남겨진 산 자들을 향해 너무도 성급하고 이기적이었음을, 무책임하고 충동적이었음을 눈물로 용서를 빌고 있지는 않은가.

그대가 그토록 원망하던 세상이 그대를 향한 사랑과 연민으로 넘쳐나고 있음을 그대는 깨우치고 바라보고 있는가. 지금 세상은 온통 그대가 뿌리고 간 안개비 같은 눈물로 적셔지고 있다.

흘린 눈물은 샛강을 만들었고 뒤를 이어 목숨을 끊은 자 또한 적지 않다. 이것이 그대가 죽음으로서 세상에 안겨준 유산이다. 아쉽다. 그대의 죽음이 안타깝다. 그대의 미숙한 판단이 화가 난다. 그대의 무책임함이. 이제 그대는 저 세상에서 무엇이 될 것인가. 이승의 한쪽에 서성이며 산 자는 죽은 자보다 위대하고 죽은 자는 산 자보다 불행하며 아무리 절망적일지라도 살아 있는 한, 살아가는 한 세상이 아름답다고 외치는 나를 그대는 바라볼 수 있는가. 이렇게 말하는 내가 밉지는 않는가.

그대의 두 자녀가 산 자의 행렬에 놓여 긴 생을 살아가면서 어머니라 불리는 그대를 찾으며 일생을 마감하는 날까지 그대를 그리워할 터인데 이 문제는 어떤 방식으로 해결할 것인가. 삭신이 녹아드는 고통을 감내하며 그대를 낳아 주고 손발이 마르도록 길러 주신 어머니가 쏟아 놓는 아픔은 어떻게 치유하려고 하는가. 그토록 많은 것을 놓아두고 그 먼 길을 홀로 그리도 빨리 여행하고 싶었는가. 돌아올 수 있다면, 돌아올 수 있다면 다시 돌아오라. 다시 돌아와 이 세상에 불질러 놓은 슬픔의 불을 꺼 다오. 세상이 그대에게 준 상처가 있다면, 세상이 그대에게 준 고통이 있다면, 세상이 그대에게 준 절망이 있다면, 세상이 그대에게 준 배신이 있다면 이제 용서하라. 그리고 기왕지사 떠난 길이니 터라도 좋은 곳을 잡아 어두운 세상을 조금이라도 밝혀 주는 빛이 되어다오. 따스한 양지가 되어다오.

그대가 그리워 목이 메어 오는 밤을 지새우다가 행여 그대가 다시 오는가 대문을 바라보는 이가 있거들랑 가슴속에 다가가 그대라도 남아 마지막까지 용기를 잃지 말고 최후까지 살아가라고 충고 몇 마디 부탁한다.

떠난 것은 다시 오지 않고 가진 것이 다 놓이는 인생, 남겨진 것이라도 잘 살다 오라고 돌아오는 겨울에 내리는 눈발과 함께 유서라도 보내다오. 그래야 세상은 다시 희망으로 달아올라 행복의 도정을 향해 중단 없는 닻을 올릴 것이다.

아까운 청춘아 ! 아름다운 여인아! 떠나는 먼 길 외롭지 않도록 시 한 편 보내니 동무 삼아 지내기를 바란다.

29

잎은 졌으나 뿌리는 남는다
- 노무현 대통령을 기리며

세상을 눈물바다로 만들어 놓으신 임을 그리워하는 이가 너무나 많이 있습니다.

저도 그 중 한 사람이지요. 당신이 이루어 놓은 것은 당신의 과보다 크기에 이 세상에는 당신을 기억하는 이가 많을 것입니다. 그러기에 당신이 선택한 죽음은 결코 외롭지 않습니다. 당신의 잎은 졌지만 당신이 남긴 뿌리는 굳건히 세상을 지탱하고 서민을 위로하는 큰 힘이 될 것입니다. 남겨진 것을 걱정하지 마세요. 홀로 떠나갔다고 생각하지 마세요. 당신은 결코 세상과 등지지 않았으며 우리 또한 당신을 등지지 않았습니다. 희망을 노래하는 불로, 꿈을 향해 달려가는 야생마로 당신은 지금 우리 곁에 살아가고 있습니다.

당신이 잡아주던 서민의 애환은 비바람 견디며 가지를 뻗어 무럭무

럭 자라서 풍성한 열매를 맺고 세상을 적시는 빗줄기가 되어 줄 것입니다. 이룬 것이 소멸되는 것은 없습니다. 당신이 애써 남긴 자취는 역사의 길 어딘가에 다시 피어날 것입니다. 원망하지도 마라. 이 말은 사랑하라는 말보다 더 타인을 향한 배려의 몸짓으로 교훈을 안겨 줍니다.

당신이 없는 것은 있는 것보다 더 쓸쓸한 일입니다. 삶과 죽음이 인생의 한 조각이라는 말씀 속에 당신의 싸워내던 치열한 고독이 느껴져 긴 한숨을 하루 내내 쏟아내었습니다. 이제 당신의 잎은 분명 졌습니다. 시간의 강가가 아닌 곳에 당신은 안치되었고 우리는 곡으로서 배웅을 하고 있습니다. 무수한 이별이 준비된 인생이지만 당신과의 이별은 유독 쓸쓸하기만 합니다. 부딪히는 살결에 피가 솟고 적의로 눈뜬 세상을 살아가는 우리가 당신에게 줄 수 있는 선물은 상대의 가치를 알고 자신이 지은 죄를 먼저 돌아보는 일일 것입니다.

그만하면 잘 산 인생입니다. 그만하면 후회 없는 인생입니다. 그만하면 손가락질 받지 않아도 됩니다. 손색없이 깨끗하지 않은 인생에서 그만하면 당신에게 돌을 던지는 사람이 있어서는 안 됩니다. 같은 시간 속에서 살아가는 우리 모두는 하나같은 동지입니다. 배 째고 손가락질하지 않고 손에 손을 잡고 희망의 대륙을 달음박질하는 우리 모두는 동지입니다. 그러기에 무조건 이유 없이 당신은 나의 동지입니다. 이념을 내세워 패를 가리려는 자들과 동거하지 않으니 그래도 당신은 이제 팔자가 피었습니다.

30

성공이라는 친구는

성공하기 위해 바쳐진 시간보다 결과가 작은 것은 성공이 그만큼 어렵다는 것을 가르쳐 줍니다. 성공은 매우 어려운 시험입니다. 단숨에 올라서는 재주꾼은 없습니다.

노력을 많이 한다고 반드시 성공을 하게 되는 것은 아니지요. 이런 반대의 성공 법칙은 우리를 지치게 하고 오늘 바치는 수고를 허무하게 합니다. 노력한 만큼 성공할 수 있다면 오늘 우리가 행하고 있는 모든 노력은 진정 보람이 있을 것이고 많이 지치지 않고 살아갈 수 있을 것입니다.

그러나 성공은 무수한 시도와 도전에 의해 결과에 도달할 수 있습니다. 그러기 때문에 우리는 중단하지 않고 열정적으로 노력과 도전을 해야 합니다. 한 번에 베이는 나무는 없고 단숨에 올라서는 계단은 없습니다. 산도 단숨에 오르지는 못합니다.

넘어지지 않고 달려갈 수 있는 사람은 없습니다. 비록 오늘 실패하고 노력한 것에 비해 결과가 적을지라도 노력을 중단하면 안 됩니다. 지속적으로 노력하는 한 성공은 우리가 바라볼 수 있는 만큼 가까운 거리에서 함께 동행하기 때문입니다.

성공한 사람들에게 당신이 겪고 있는 시련과 위기가 없었을 것이라고 속단하지 마세요. 그가 겪은 시련은 성공에 가려 잘 보이지 않을 뿐입니다.

성공을 하게 되면 사람의 인상이 바뀐다고 합니다. 얼굴은 여유가 흐르고 초조하거나 쪼들린 표정은 찾아볼 수 없게 됩니다. 그렇다고 그늘이 없는 것은 아닙니다. 인간은 성공에 관계없이 언제나 문제를 안고 살아가기 때문입니다.

성공을 하게 되면 한 순간 그의 얼굴에 녹아 있는 근심과 깊고 어두운 그늘은 바로 없어집니다. 그래서 성공한 사람들을 바라보는 우리들의 시선은 종종 착각을 하게 됩니다. 전혀 고생하지 않은 것 같은 여유가 뿜어져 나오기 때문입니다. 영광 뒤에 감추어진 시련을 바라보지 않기 때문에 우리들은 가진 자와 성공한 사람들에 대해 곱지 않은 시선을 던지게 됩니다. 부자에 대한 편견은 여기서부터 출발합니다.

만약 우리가 그들의 삶 속에 녹아 있는 수고와 성공하기 위해 바쳐진 고난의 자국들을 이해한다면 불필요하게 가진 자에 대해 갖는 냉소적인 태도와 근거 없는 비난에 열을 올리거나 앞장서지 않을 것입니다.

31

이 시간은 누군가 이미 정복한 시간입니다

내가 불을 끄고 잠들어 있는 시간. 누군가는 불을 환히 켜 놓은 채 바닥에 떨어져 있는 무엇인가를 찾고 있습니다. 그래서 내가 아침에 일어나 맞이한 시간은 이미 누군가에게 정복당한 시간일 수도 있습니다. 당신이 부지런한 새라면 이미 아침이 오고 있다는 사실을 알고 하루를 시작해야 뒤처지지 않습니다. 누군가는 당신보다 먼저 아침을 정복하고 있습니다.

내가 으스대며 정복한 시간이 이미 누군가 정복한 시간이라는 사실은 우리 각자를 엄숙하게 합니다. 부지런하지 않으면 세상 열기는 실패하게 되어 있습니다.

정복자는 언제나 먼저 깨어나고 나중에 잠을 잡니다. 같은 대열에 들어서서는 아무것도 건져 올리지 못합니다. 이것이 성공의 낚시법입니다.

그대 영혼이 잠들고 그대 육체가 잠들어 있는 시간은 그대의 역사가 잠들어 있는 시간입니다. 늘 깨어 있지 않으면 세상 어느 것도 그대를 주인으로 섬기지 않습니다.

32

실패의 교훈

실패라는 확률과 불안을 모른 채 성공한 사람은 아무도 없습니다. 성공이란 실패의 확률을 최소화하는 데서 얻어지는 것이기 때문입니다. 성공은 단 하나의 뿌리와 공식을 가지고 있습니다. 그것은 실패를 무력화시키는 작업입니다. 성공은 실패 속에서 자라납니다. 성공을 부화시키는 것은 결국 실패입니다. 시련에 몸을 담그고 위기와 벗하고 슬픔에 영혼을 데며 성공은 그 빛과 몸을 내어 줍니다.

구름 속에 가려지지 않는 태양은 없고, 먹구름 없이 내리는 비는 거의 없습니다. 흐린 날에 눈이 내리는 법입니다. 세상에 얻는 것이 모두 이와 같습니다. 세상의 모든 원리는 정성으로 맺어지고 순환됩니다.

낮이 어두워졌다고 태양이 없는 것은 아니듯이 성공 속에는 항시 실패가 동행합니다.

33

감사하고 또 감사해야 합니다

태어난 것에 백 번 감사하고 살아 있음에 천 번 감사하고 살아갈 날이 남았거든 만 번 감사해야 합니다. 살아 있다는 사실은 무엇보다 가장 큰 자산입니다. 생존의 가치와 존엄성을 깨우치고 시작하는 삶은 나중에 영화롭고 진지하게 삶을 설계하게 됩니다. 인생은 결코 짧지 않은 매우 긴 여정이며 그 과정에서 가장 고귀한 가치는 살아 있다고 하는 사실의 접근입니다. 삶이 제공하는 모든 동기부여는 자신이 생존한다는 사실에 기반을 둡니다. 태어난 것에 기뻐하지 않으면 살아가는 동안의 기쁨은 감소됩니다. 마음의 부자는 가진 것에 좌우되지 않고 오직 살아 있다고 하는 사실을 중시하고 가치 있게 여기는 습관에서 시작됩니다.

그러나 마음이 가난한 자는 가진 것에 가치를 둡니다. 쉽게 절망하거나 좌절하는 사람도 마찬가지입니다. 삶은 가진 것이 없으면 불행하거나 절망적인 것이 아니라 그러한 것에 지나치게 기대어 살아가거나 행복의 기준을 있고 없음에 두고 살아가기 때문에 쉽게 불행한 상태에 다가서게 되는 것입니다.

34

별은 때를 기다렸다가 밤이 되어야 빛을 발한다

별은 어둠이 깔린 이후에나 빛을 발합니다. 환한 대낮에 별이 빛나는 일은 없습니다.

별은 하늘이 어둡지 않으면 자신의 모습을 드러내지 않습니다. 때를 기다렸다가 하늘에 총총히 자수를 놓으며 바라보는 이에게 빛을 내려 줍니다. 별은 그렇게 시간을 보내며 하늘의 장식품이 되어 줍니다.

만약 별이 대낮에 몸을 드러낸다면 사람들에게 상상의 즐거움과 희망이 되어 주지는 않을 것입니다. 기다리지 못하는 우리에게 많은 교훈을 선사해 줍니다. 많은 계획을 세워 놓고 생각이 앞선다고 재빠르게 이루어지지 않습니다. 우리가 성취하는 많은 것은 어느 한순간 얻은 것이 아니라 모두 때를 기다리면서 얻은 것임을 지난 시간을 통해 깨닫게 됩니다. 자신의 기대에 미치지 못하는 결과 앞에 놓여 있는 사람들이 적지 않습니다. 그들은 대다수 빠르게 성공하기 위해 달려온 사람들입니다.

인내하지 못하고 좀 더 빨리 성취하기 위해 달려가는 사람들이 바라는 대로 성취할 수 있다면 세상은 실패한 사람보다 성공한 사람들로 넘쳐야 합니다.

때를 기다리지 않는 사람들의 계획은 시행착오 속에 갇히게 됩니다. 인내는 삶의 첫 번째 기도입니다. 그 기도에 충실할 때 우리는 덜 불완전한 삶을 살 수 있습니다.

돌아보면 약간은 불만스러워 떠나야겠다고 느끼는 지금의 자리가 가장 자신에게 맞는 자리인지도 모릅니다. 시간을 보내고 나서 우리가 새롭게 선택하고자 버렸던 그 자리, 그 사람, 그 시간이 가장 완숙한 선택이었다는 것을 알게 합니다. 이 순간에 그러한 사실을 깨닫는 데는 별 어려움을 동반하지 않습니다.

무르익지 않은 열매는 나뭇가지에서 떨어지지 않습니다. 하늘은 때가 이르지 않으면 단 한 방울의 빗물도 지상에 내려 보내지 않습니다. 하늘의 조화가 이러한데 인간의 생사화복 또한 다르지 않습니다.

천천히 수신하면서 기도하고 간구할 때 소망하는 것들은 새벽 눈꽃송이처럼 내려앉습니다. 요란스럽게 다가오는 것은 재난입니다. 태풍이 그러하고 불길이 그러합니다.

소망은 조용히 우리가 모르게 삶 속으로 안착합니다. 행복은 요란스럽게 오지 않습니다. 삶의 행운은 익지 않은 열매를 따듯 되지 않습니다. 익고 또 익어야 삶의 행운을 가져갈 수 있습니다.

급한 마음에 먹은 음식이 소화가 잘 되지 않는 것처럼 우리가 소망하는 것은 언제나 인내와 끈기를 요구하곤 합니다. 우리는 인생에 남겨진 시간이 없다는 초조함 속에서 살아가고 있습니다. 좀 더 빨리 급하게 달려가는 이유입니다. 남겨진 삶은 그것이 길든 작든 소중한 가치를 지니고 있습니다. 얼마 남지 않아서 소중하고 많이 남아서 소중하지 않은 것은 아닙니다.

삶은 마지막 순간까지 소중한 벗이고 동행입니다. 젊어서는 지식을 통해 세상 지혜를 습득하고 깨우쳐 가지만 사람은 나이가 먹어가면서 자연을 통해 지혜를 배우게 됩니다. 많은 지식보다 자연의 이치를 깨닫게 되면서 인간은 더욱 성숙해져 갑니다.

별은 그렇게 오늘 나의 하루를 깨우쳐 주었습니다.

35

단단한 나무는

산중을 지키는 단단한 나무는

일 년 삼백육십오 일 동안 비바람이 몰아쳐도 고개를 숙이지 않습니다.

아무리 힘든 일이 눈앞에 닥치더라도 쉽게 고개를 떨굴 필요가 없습니다.

고난은 영화의 징검다리입니다.

바람이 없는 바다가 없듯이 위기가 없는 인생은 없습니다.

들판의 꽃이 피기까지 온몸으로 받아낸 먼지바람은

수 톤이 넘고 쏟아지는 빗물은 호수를 이룹니다.

위기는 적이 아니라 아군입니다.

몸을 휘지 않으면서 성장하는 나무는 없습니다.

모든 것은 반대의 역풍을 이겨내고 성장합니다.

사람은 말할 것도 없습니다.

그래서 위기 앞에 고개를 숙이거나 흔들릴 필요는 없습니다.

잔잔한 곳에서 돌풍이 불어오는 법이지 소나기가 내리는 곳에서 회오리가 치지는 않습니다. 조용한 생은 생이 아닙니다.

사나운 짐승을 피해 가듯 운명 앞에 당당한 사람에게는 위기가 피해 가기 마련입니다.

36

부드러움이 좋다

물이 땅속 깊이 스며드는 것은 부드럽기 때문입니다. 물은 부드러움으로 만물의 문을 열게 하여 마치 하나인 듯 스며듭니다. 흐르는 물 앞을 막아서는 장벽은 인간이 인위적으로 만든 댐입니다. 그러나 그조차 시간이 지나면 넘쳐흐르게 합니다. 부드러움은 모든 장벽을 뛰어넘어서 만나고 하나 되어 흐르고 또 흘러갑니다.

흐르다가 막아서는 장벽을 자신과 동화되게 만드는 것은 물이 갖고 있는 특별한 능력입니다. 물이 가고자 하는 길목에서 거부하는 손짓은 없습니다. 모두가 하나 되고 모두가 둘이 되게 합니다. 유연함의 극치는 인간에게 다감한 교훈을 안겨 줍니다. 내 자신에게 질문을 하게 됩니다.

나는 물처럼 살지 못했습니다. 나는 물이기보다 불이었고 가시였고

차가운 얼음이었습니다. 내게 손을 내민 자를 제대로 잡아 주지 못했고 서툰 상대의 언행과 나와 다른 가치에 대해 고함을 칠 뿐 포용하지 못했습니다. 나를 위해 상대가 기다려주기만을 바랐고 나는 상대가 다가올 때까지 인내하지 못했습니다. 나는 상대가 나와 다른 것에 무척 화를 냈습니다. 단지 나와 다르고 나와 지식의 차이가 있다는 사실만 가지고도 분개하고 무시하는 일을 종종 했습니다. 누군가 내 앞을 막아서면 나는 뛰어넘거나 우격다짐으로 길을 비키도록 했습니다. 젊은 날에 내가 깨달은 삶의 지혜와 신념, 그리고 가치관은 아무런 역할을 하지 못했습니다. 나는 내 앞의 타인에게 내가 배우거나 깨달은 대로 대하지 못하고 야인처럼 무례하게 굴기를 즐겨 했습니다. 그것은 어느덧 나의 습관이 되었습니다. 나는 점점 망각 속으로 빠져들었습니다. 내게는 부드러움이 없었습니다.

자연히 나의 삶은 미완의 상태에 오래도록 머물 수밖에 없었습니다. 나는 여러 사람들에게 과격하다거나 실수가 잦은 사람으로 평이 나기 시작했습니다. 나는 그때까지 부드러움이 세상에서 가장 강하다는 것을 깨닫지 못했습니다. 나의 분노는 갈수록 커져 갔습니다.

그럴수록 나의 주변은 불안해하고 나와 동행하거나 손을 잡아 주는 일을 기피하기 시작했습니다. 내가 강하다고 생각하는 것은 가장 약한 것이었습니다.

나의 강함은 내 앞에 마주하는 사람들의 가슴에 상처가 나게 하는 지뢰밭 같은 것이었습니다. 이러한 사실을 깨달은 순간은 어느덧 내 나이 60을 바라보고 달려가는 시점이었습니다. 아주 단순한 상식을 깨닫기 위해 나는 53년을 소비했습니다. 매우 때늦은 깨달음은 내가 얼마나 인생을 잘못 살아왔는지 만져 보게 했습니다.

이제 나는 잘 알고 있습니다. 부드러운 손길에 가슴이 뛰고 부드러운 말에 닫힌 가슴이 열린다는 것을, 사랑이 열리고 가슴을 뛰게 하는 것도 알고 보면 다 부드러움 때문입니다. 그런데 부드러움을 갖기는 참으로 힘겨운 일입니다.

너와 나는 강함에 취해 있습니다. 강함으로 인생을 열어가고 강함으로 문제를 풀려고 하는 습관에 길들여져 있습니다. 누군가를 이겨야하는 경쟁 구도가 우리를 강하게 이끌어 가고 있습니다. 같은 말도 억양의 높고 낮음에 따라 전해지는 감동이 다릅니다. 음반 소리의 화음을 보면 이내 알 수가 있습니다. 파동이 크면 파장이 큽니다. 듣는 사람이 기분이 나쁘면 곧 내 기분도 나쁘게 변하게 됩니다.

술은 잔이 있어 외롭지 않고 사람은 사람이 있어서 외롭지 않습니다. 향기 나는 꽃은 벌을 부르고 향기 나는 사람은 나그네도 머물게 합니다. 부드러움은 완성된 인격입니다.

세월이 헛되게 지나가버린 지금에서야 나는 나의 부드러움에 나도 취하고 상대도 취하는 인생을 설계해 봅니다.

소유하지 말고 즐기는 것이 좋더라

내 몸에서 생긴 그림자조차 나와 한 몸이 되지 못하니 남이 나와 한 몸 되기를 바람은 당연히 어리석은 생각입니다. 모든 인연은 시간과 함께 마주보며 걸어가는 동반자일 뿐입니다. 내 곁에 있지만 내 것이 아니요, 내 것이라 하지만 내 것이 없습니다.

세상에 많은 불행은 소유하려는 욕심에서부터 발생합니다. 매일 산을 오르는 일이 즐거운 것은 산을 소유하지 않고 그 시간을 동행하기 때문입니다. 만약 산을 좋아하는 사람이 산을 소유하려 든다면 산행은 즐겁지 않을 것입니다.

가지고 있는 물질도 그러하고 곁에 있는 사람을 대할 때도 그러합니다. 버릴 수 있는 마음, 비울 수 있는 여유, 떠날 수 있는 결단이 없이는 갈등의 단계에서 자유로울 수 없습니다.

그러나 내 사람을 찾는 데 시간을 아끼지 말고 다시 유지하는 데 시간을 소비하는 일을 즐겨하면 언제나 참된 사람이 넘쳐나게 됩니다.

38

비상구 없는 고난은 없다!

우리가 도저히 절망을 뛰어넘을 용기가 없다는 힘겨운 생각이 드는 사태에 직면해 있을지라도 그것은 우리 자신이 힘겨움을 맞서 싸우지 않고 애써 피하려는 본능이 선택하는 부정적인 상상일 뿐 세상에 빈틈없이 자신을 에워싸는 위기는 없습니다.

영원히 떠나가지 않고 곁에 머물면서 우리를 괴롭히는 슬픔은 애당초 존재하지 않습니다. 마음의 여유를 지닌 채 인내하고 기다리면 서서히 도처에 희망은 발견됩니다. 우리는 저마다 예기치 않은 고난을 견디어 내는 일에 익숙하지 못합니다.

절망을 이겨내는 방법에 서툴러서 쉽게 슬픔과 눈물의 벽 속에 갇히게 됩니다.

마음을 강건하게 먹고 용기를 낼수록 위기와 고난을 받아내기가 쉽습니다. 인간은 위대한 가능성을 가진 존재인 반면 반대로 아주 작은 것에 넘어지는 나약한 면을 가지고 있습니다. 우리는 잠시의 고통조차 견디기 힘들 만큼 연약해져 있습니다. 어느 정도 단련이 되었다는 스스로의 자신감은 도무지 도움을 주지 않습니다. 우리가 별것 아닌 일에 좌절하는 것은 반드시 어려운 상황 때문이 아니라 지금의 상황이 매우 커다란 위기여서 벗어날 수 없다고 스스로 가두는 일을 쉽게 저지르기 때문입니다.

긍정적인 생각이 필요한 단계에서 반대의 생각에 빠져 지내는 사람들은 의외로 많이 있습니다. 위기탈출의 방법을 발견하는 눈을 가리고 앞을 보지 못하게 하는 것은 우리 마음속을 가득 채우고 있는 부정적인 생각입니다.

시련은 승리에 도달하게 하는 수레바퀴와 같습니다. 흔들리지 않고 매달려 있는 가지는 없습니다.

빛이 어둠과 한데 어울려 돌아가고 방아가 물을 받아들여 돌아갑니다. 잡초는 새벽을 노니는 이슬의 벗이 되어주고, 강물은 길을 벗하여 흘러갑니다. 두드리면 열린다고 하는 성경의 말씀도 바로 벽 너머에 길이 준비되어 있음을 암시하는 것입니다.

따라서 아무리 높은 위기의 벽이라도 그 벽을 두려워하든지 넘지 못할 벽이라고 스스로 무력해지거나 의기소침해질 필요가 없습니다. 어떤 위기의 벽 앞에서건 당당해지는 것이 위기탈출의 해법이 됩니다. 당당하지 않고는 인생의 승리자가 될 수 없습니다.

사람은 스스로 절망에 갇히지 않는 한 절망에 영원히 갇히지 않습니다. 신은 우리의 편에 서 계시기 때문입니다.

풀리지 않는 수수께끼가 없는 것처럼, 때를 기다리면서 의를 구하고 신의를 다하고 정성을 다하고 다듬고 강건하게 연마하면 슬기를 얻고 사람을 얻고 기회를 얻어 절망을 벗어나 희망을 찾아낼 수가 있습니다.

이것이 때에 이르러 도를 얻고 성공의 기를 머물게 하는 생의 비밀입니다. 누구나 그 안에서 도를 얻을 수 있습니다.

길은 놓여 있습니다. 길은 가고자 하는 사람에게 열리고 산은 오르고자 하는 자에게 몸을 내어 줍니다. 그러므로 스스로 포기하는 사람은 언제나 벽 안에 머물 수밖에 없습니다.

캄캄한 어둠이 단단한 오랏줄이 되어 자신을 칭칭 감아 돌 때 우리는 영영 어둠의 마녀로부터 벗어나지 못할 것 같으나 어둠의 반대편 어딘가에 반드시 빛은 존재합니다.

손을 뻗어 잡기를 희망한다면 빛은 우리의 영혼과 삶의 전반에 다가와 우정 어린 손길을 내어 놓습니다.

항거 불능한 상태의 절망은 인생에 없습니다. 인간이 슬픔의 잔디에 누워 몸부림치며 오열하는 마지막 순간까지 꿈을 꾸어야 하는 이유입니다. 달콤한 향료는 우리가 먹어야 하는 열매가 분명한데 인생의 향료는 매일 매일 달지 않고 편안하지 않습니다. 우리는 마법사의 심술처럼 예기치 않은 고난과 역경을 마주하며 살아갑니다.

인생은 고난의 마라톤입니다. 골인 지점이 없습니다. 쉬어 갈 수는 있어도 아니 갈 수는 없습니다.

39

비상구 없는 고난은 없다 2

고난은 언제나 우리와 동행하는 삶의 시계 바늘과 같습니다. 고통은 자신으로부터 분리하려 하지만 절대로 분리되지 않습니다. 그것은 언제나 같은 위치에서 높은 창공에 자리 잡고 앉아 있는 별과 같고 흐르는 구름과 같습니다. 고난 속에서 탈출하지 못하고 오래도록 갇혀 버리는 것은 고난과 싸우지 않기 때문입니다. 그러나 빛이 들지 않는 어둠은 없듯이 비상구 없는 고난은 없습니다. 우리가 간절하게 탈출을 꿈꾸고 행동으로 실천해 나갈 때 우리는 비상구를 찾게 됩니다.

인간은 외부조건에서 얻는 고난보다 스스로 만든 고난이 길고 깊습니다. 자신 안에 키워 놓은 부정적인 생각들이 우리 인생 앞에 많은 절망의 다리를 놓게 하고 벽을 놓게 합니다.

길이 있다고 생각하는 사람들은 길을 찾게 됩니다. 그러나 막힌 길이라고 생각하는 사람은 길을 찾아내지 못하고 갇히게 됩니다.

생각의 지도가 운명의 지도가 됩니다. 스스로 무너지는 담은 아무도 고쳐 주거나 일으켜 세워 주지 않습니다. 실패하는 사람들 중 다시 재기에 성공하지 못하는 사람들은 바로 스스로 실패하는 사람들입니다. 그런 사람들은 설령 일어섰다고 해도 다시 실패하게 되어 있습니다.

우리에게는 언제나 새로운 길이 있고 우리는 절대로 절망 속에 영원히 갇히지 않으며 길은 아주 가까운 곳에 다가와 있습니다. 그래서 그 고난의 시간에 굴하지 않고 기다리고 인내하는 것이 무엇보다 중요합니다. 사람들은 스스로 빛을 버리고 스스로 갇히는 실수를 반복하며 살아갑니다. 그것은 외부의 조건에 따라 절망하기를 즐기기 때문입니다. 우리는 우리의 내면에 존재하는 절망의 그늘을 거두어 내는 작업을 쉬지 않고 진행해야 합니다.

같은 문제를 놓고 어떤 사람은 희망적이라고 말하고 어떤 사람은 절망적이라고 말합니다. 어떤 사람은 살 만하다고 말을 하고 어떤 사람은 죽을 것 같다고 합니다. 어떤 사람은 할 수 있다고 말을 하고 어떤 사람은 할 수 없다고 말을 합니다. 인생의 많은 문제는 긍정적인 사람에 의해 해결됩니다. 그래서 어둠 속에 갇혀 있다고 해도 희망을 노래하지 않으면 안 됩니다. 모든 절망 곁에는 바로 희망이 소리 없이 머물고 있기 때문입니다.

창문을 열어 놓는 자가 아침 햇살을 맞이하는 것처럼 희망을 찾으려는 노력과 신념을 버리지 않아야 합니다. 사람은 어둠에 가리면 활동을 멈추고 지내게 됩니다.

인생은 그렇지 않습니다. 절망 속에 갇혀 있을수록 더 눈을 크게 뜨고 어둠을 밝히는 희망의 빛을 찾으려는 노동을 중단하지 않아야 합니다. 빛은 바로 이러한 사람들에게 다가와 줍니다.

우리는 너무나 쉽게 절망하는 시대를 살아가고 있습니다. 지나고 나면 아무것도 아닌 것에 비관하고 좌절합니다. 이러한 습성이 이어지게 되면 머지않아 자신은 걸어 나올 수 없는 벽에 갇히게 됩니다. 그러기에 오늘도 내일도 꿈을 꾸는 일을 멈추지 말아야 합니다.

무수한 시도는 무수한 결과를 낳고 많은 성공의 가능성을 열어 가게 합니다. 실패한 사람들과 성공한 사람들의 차이점은 다른 곳에 있지 않습니다. 능력의 차이가 아니라 생각의 차이에 있습니다. 생각의 빛이 긍정적이고 밝고 기운찬 사람은 반드시 성공의 관문에 도달합니다. 이것은 성공의 법칙이고 삶의 명확한 원리입니다.

긍정적인 생각을 가질 때는 어떠한 조건을 논해서는 안 됩니다. 이유 없이 조건 없이 긍정적일 때 어둠은 다가서지 않습니다.

우리에게 필요한 것은 많은 물질이 아니라
스스로를 위안하는 기술이다.
슬픔을 잠재우고 억제시킬 수 있는 능력이 많은 사람은
많은 것을 가진 사람보다 행복하다.

40

시련도 수업이다

만약 어떤 사람이 자신과 똑같은 조건의 열악한 환경에서 쉽게 벗어났다면 과연 그것을 능력의 차이라고만 할 수 있는 일은 아닐 것입니다. 능력 이전에 마음가짐의 차이에 더 가깝습니다. 이것은 자존심의 문제이기도 합니다. 다른 사람은 쉽게 뛰어넘은 장애물 앞에서 움츠리고 벌벌 떠는 자신을 용인하는 것은 부끄러운 일입니다. 돌파구는 바로 마음가짐에 있습니다.

궁하면 길은 열리게 되어 있으며 열정적인 탐구와 꿈 앞에서 버티어 낼 좌절과 절망은 존재하지 않습니다. 이러한 결론은 자만의 속단이 아닙니다. 절망을 이겨내는 슬기이고 담대함입니다.

긍정적인 생각이 모든 위기를 뛰어넘고 풀어가는 열쇠가 됩니다. 이러한 역량은 사람마다 차이가 있지 않습니다. 우리 각자는 도중에 중단하기를 즐겨하고 대충 넘어가려 하고 하다가 안 되면 포기하는 일을 즐기고 있습니다. 더 높은 단계의 찬란한 항구에 도착하는 시간이 길어지는 이유입니다. 중단하는 자에게 승리는 결코 보장되지 않습니다.

쉽게 좌절하는 사람에게는 더욱 그러합니다. 생각의 높이가 그 사람의 인생 높이를 정하게 됩니다. 도처에 존재하는 많은 난제가 우리 자신과 인생 속에 다리처럼 놓여 있습니다.

우회해서 돌아가는 길은 도심 속에나 존재하지 인생은 돌아가는 길이 있지 않습니다. 마주하는 모든 길과 싸워 나가지 않으면 다시 더 큰 길과 벽에 갇히게 됩니다.

고공에서 낙하하는 물방울을 피하려 고개를 숙이는 잡초와 생명체는 지구상에 존재하지 않습니다. 그들은 온몸으로 육중한 무게를 받아내고 버티면서 생명 창조의 활동을 지속해 가는 것입니다.

이것은 모든 존재하는 것의 과업입니다. 피하면 다시 더 크게 막아서고 사납게 달려드는 게 인생의 시련이기 때문입니다.

격랑 없이 존재하는 바다는 없습니다. 파도가 없는 바다가 어디 있겠습니까! 삶의 파도는 더 크고 무섭습니다. 성공의 단계에는 부정적인 잡초가 살지 않습니다. 아무것도 아닌 일에 감정이 상하고 실의에 빠지는 사람들은 그 어떤 일도 부정적으로 판단하게 됩니다. 생각이 부정적인 사람에게 인생이 긍정적으로 바뀔 수는 없습니다. 부정적이면서 행복한 사람은 지구상에 단 한 사람도 없습니다.

행복을 쟁취한 사람들에게 반드시 힘든 노고가 자리하고 있습니다. 그들의 행복은 시련을 이겨 낸 포상이고 보상입니다.

인생의 그림은 자신의 생각에 의해서 그려진다.
내 생각은 연필이고 인생은 도화지와 같다.
인생의 도화지에 훌륭한 그림이거나 반대의 그림이거나
그리는 것은 언제나 내 몫이며 다른 한편 이것은 자신이
충분히 희망적이라는 사실을 증언한다.
과거는 아닐지라도 지금은 충분히 아름다운
그림을 그릴 수 있다는 사실이 인생의 희망이다.

41

자신을 이기지 못하면 단골 패배자가 되고 만다

무력해지는 자신을 발견하는 일은 혼자만의 일도 아니고 흔히 겪게 되는 일입니다. 어제는 밤하늘의 별처럼 기분이 활달하고 모든 문제를 희망적으로 진단하다가도 쉽게 비관적인 전망을 즐기는 일을 자신도 모르게 하게 됩니다.

원치 않지만 마음속으로부터 절망과 희망이 혼란을 일으키며 스크린처럼 전개되는 상황에 종종 직면하게 됩니다. 하루를 시작하는 순간이 힘겹게 느껴지고 이내 무력한 자신과 마주하게 되는 일을 반복하게 됩니다. 이러한 감정의 기복은 나태한 자신과의 싸움에 직면해 있을 때 더욱 기승을 부리고 사납게 덤벼듭니다. 의욕이 저하되는 상태가 되면 자신과의 싸움에서 패배한 널브러진 자신과 마주해야 합니다. 그 순간은 모든 희망이 물거품처럼 사라져 버린 상태가 됩니다.

공허한 기분은 다시 내면을 휘돌아다니면서 더욱 무기력증에 빠지게 합니다. 어떻게 해서든 기운을 차려야 한다는 의지와 결심조차 메말라 버려서 기운을 차릴 수가 없습니다. 이것이 패배의 과정입니다.

패배는 무참하게 자신이 가지고 있는 모든 희망의 수치를 추락시키고 맨몸으로 얼음바다를 방황하는 것처럼 처절하게 고문을 가해옵니다.

패자에게는 희망이 없습니다. 그의 동공 속에는 희망의 무지개가 뜨지 않습니다.

자신을 이기지 못하면 우리는 언제나 패배자의 위치에서 벗어날 수가 없습니다. 어느 틈에 매우 작은 일에도 힘들어하고 좌절하는 시대가 되었습니다. 사회의 구조적 모순과 불평등, 경제적인 어려움, 그리고 양극화의 문제만은 아닙니다. 우리의 내면에는 자신의 의지를 나약한 곳으로 밀쳐 버리려는 반대의 본능이 존재합니다. 높은 파도와 어려운 위기와 마주하게 될 때 그 파도를 조심해야 할 것이 아니라 바로 자신을 나약하게 만들어 버리는 감정의 복병을 조심해야 합니다.

복병은 누구나 함께 동거합니다. 복병은 우리가 무슨 일을 할 때마다 반대편에 서서 부정적인 상태로 이끌어 가려고 합니다. 능히 이겨낼 수 있고 잘해 낼 수 있는 일조차 기피하도록 부추깁니다. 그러다 보니 우리는 언제나 어렵다고 하고 안 된다고 즐겨 말합니다.

우리는 이러한 내면의 반대적인 것에 종종 체념을 합니다. 아무리 강한 사람도 부정적인 생각에 감염이 되어 버리면 승복해야 합니다.

우리는 이러한 두 개의 감정들이 서로 엉켜 붙어 싸우는 것을 매일매일 느끼며 살아갑니다. 이 두 개는 서로 붙어 있으면서 우리가 나아가고자 하는 방향을 설정해 주고 자극을 주게 됩니다. 희망을 설정하는 것도, 비관적인 상황을 설정하는 것도 결국은 우리 자신입니다.

자신에게 승리한 사람들은 매우 발전적이고 생산적인 삶을 살아가지만 패배한 자는 비관적이고 어두운 인생을 살아가는 것을 볼 수 있습니다.

자신을 이기는 것은 부정적인 습관으로부터 자유로워지는 것입니다. 예를 들자면 자신 속에 존재하며 의지를 나약하게 만드는 경계선에서 벗어나는 것입니다.

그만큼 모든 인간은 그 자신이 주인입니다. 그런데 왜 우리는 희망을 갖기가 이토록 어려운 것인가! 그것은 안일과 나태와 향락을 즐기는 자신에게 자주 패배하기 때문입니다. 부정적인 생각의 노예가 되기 때문입니다.

우리는 어떠한 위기를 만나게 되면 능히 이겨낼 수 있다고 확신하지만 자신도 모르게 할 수 없다는 위기 앞에서 무릎 꿇고 있는 자신을 발견할 때가 많이 있습니다.

부정적인 자신은 세상 누구보다 상대하기 힘든 적입니다. 이런 자신의 생각을 물리치려면 전략이 필요합니다. 가장 지혜로운 생각은 긍정적으로 생각하는 습관을 기르는 것입니다. 긍정적인 생각은 건강한 생각의 씨를 생산해 내고 언제나 넘치는 활력의 열매를 만들어 내는 밭이 되어 줍니다.

세상에 하지 못할 일이란 존재하지 않는다.
세상에 이루지 못할 일이란 존재하지 않는다.
세상에 이루지 못한 일들이 많다고 생각하는 그 순간
세상은 자신이 뛰어넘지 못하는
매우 높고 커다란 벽으로 다가온다.
자신의 생각이 인생의 담의 높이를 결정한다.

절망하는 순간은 자신이 스스로 세운 담이
턱없이 높아져 있기 때문이다.
이미 세운 담은 쉽게 무너져 내리지 않는다.
생각 안에서 세운 담이지만 그 성은 견고하다.
높은 담을 세우지 않으려면 주어진 생활 속에서
긍정적으로 생각해야 한다.
그러지 않고는 우리는 언제나 스스로 세운 담 안에서
절망하면서 살아갈 수밖에 없다.

42

머리를 은행으로 삼으면 길이 보인다

사람의 머릿속에는 대뇌 피질만 존재하는 것이 아니라 은행보다 더 많은 돈이 있습니다. 인간의 모든 창조 활동과 경제의 생산 활동은 모두 머릿속에서 이루어집니다. 창의적인 구조에 의해 부가 창출되고 역사가 성장 발전되어 갑니다.

결국 문명은 이성적 활동의 생산성에 의해 전개되어 갑니다. 그래서 머리를 잘 쓰면 돈을 잘 벌고 머리를 잘 쓰지 못하면 돈을 잘 벌지 못한다는 말이 있는 것입니다.

자신의 창의적인 생각이 부를 창출하는 중요한 기반이 된다는 점을 놓고 볼 때, 결국 인간은 자신의 머리를 올바르게 사용하고 연마하는 것이 매우 중요하다는 결론에 도달하게 됩니다. 부모를 의지하거나 조건에 매달리는 사람들은 이러한 가치의 소중함에 제대로 도달해 있지 않습니다.

그들이 주로 사용하는 것은 은행 문턱이고 남의 자본이나 자신이 가지고 있는 자본에 기대는 것을 좋아합니다.

조건이 갖추어져 있지 않거나 그러한 환경 속에 처해 있지 않으면 쉽게 절망하든지 추진하던 일을 포기하거나 아예 시도조차 하지 않으려 합니다. 이럴 때 자신의 창의성과 추진력은 제대로 빛을 발휘하지 않게 됩니다. 준비된 조건만을 논하게 되면 세상에 아무런 일도 할 수 없습니다. 진정한 조건은 이미 준비된 상태를 말하는 것이 아니라 진행하는 과정에서 얻어지는 유무형의 노력들입니다.

그런데 은행에 예치되어 있는 돈을 찾아 쓰려면 비밀번호를 알아야 하듯 사람의 머릿속에 있는 가치를 돈으로 만들어 사용하려면 비밀을 알아야 합니다.

그 비밀은 다름 아니라 창의적인 활동성입니다. 금광은 자연 속에만 있는 것이 아니라 자신의 머릿속에도 있습니다. 열정, 집념, 노력, 창의들을 한데 모아 수없이 시도하고 생산성을 증대하는 것, 바로 이것이 자신의 머릿속의 금광을 찾아내는 열쇠가 됩니다.

문제는 자신의 잠재능력을 얼마나 활용할 수 있느냐에 달려 있습니다. 창의성도 노력의 산물입니다. 가장 정밀하고 완벽하며 남들보다 가치 있는 구상을 하고 집념을 발휘한다면 누구나 돈을 벌 수 있습니다.

사회적 성공과 영예는 자신의 능력을 얼마나 육성하고 연마하느냐에 달려 있습니다.

누에가 자신의 몸을 활용해 비단을 만들어 내는데 하물며 인간이 그 자신의 머릿속에서 큰 부가가치를 찾아내지 못하거나 생산해 내지 못한다는 것은 말이 되지 않습니다.

미국의 잡스는 창의력을 발산하여 세계적인 부를 창출했을 뿐 아니라 세계인을 열광시켰습니다. 그는 자신의 머리를 은행으로 생각한 대표적인 인물입니다. 창의성을 가지고 돈을 번 모든 사람들이 이와 같은 유형에 속한다고 해야 할 것입니다. 그들은 은행에서 돈을 가져다가 부를 축적한 것이 아니라 자신의 머릿속에서 돈을 찾아내는 일을 부지런히 했습니다. 아주 간단하고 명백한 진리임에도 사람들은 자신의 머리를 활용하는 데 매우 안일한 태도를 가지고 있습니다.

명석해야 창의적인 활동을 하는 것이 절대 아닙니다. 머릴 쓰는 것도 훈련입니다.

아무리 능력이 떨어지는 사람도 머리를 생산적으로 활용하면 잡스 같은 인물이 될 수 있습니다. 그럼에도 불구하고 모든 사람들이 잡스 같은 사람이 되지 못하는 것은 스스로 자신의 능력을 폄하하고, 활용하는 것을 게을리하기 때문입니다.

이미 자신의 마음속에 나는 안 되며 나는 그와 같은 능력이 애초에 없다고 하는 경계선을 만들어 놓고 있기 때문입니다.

이것은 진보적인 태도가 아닙니다. 뇌의 활동성은 사기와 격려를 먹고 살아갑니다. 스스로 안 된다고 하는 순간 자신의 능력은 상당한 상태로 추락하게 됩니다. 그런 심리 상태에서 하는 일이 제대로 될 리 없습니다.

인류에 공헌하고 헌신하는 모든 역사가들은 자신 속에 경계선을 두지 않습니다. 모든 것을 할 수 있다는 전제 하에 자신의 능력을 훈련시켜 갑니다. 자신이 강해지고 뛰어난 인물이 되는 것은 바로 이러한 경계선을 무너트리는 데서부터 출발합니다.

똑같은 사람임에도 어떤 사람은 우리가 쉽지 않을 것이라고 여기는 일을 거뜬하게 소화해 내는 경우를 보게 됩니다. 이 경우 그가 다른 사람보다 매우 뛰어나기 때문에 그럴 것이라는 생각은 매우 위험한 발상입니다.

뛰어난 사람은 뛰어나게 사고하고 행동합니다. 뛰어나게 생각하는 것은 경계선이 없다는 이야기입니다. 무엇이든지 할 수 있다는 사고와 나는 안 된다고 하는 사고의 차이가 사람을 평범하게 만들기도 하고 뛰어나게 만들기도 하는 것입니다.

기회는 모든 인간에게 균등하게 열려 있습니다. 다만 그러한 기회가 다가왔을 때 제대로 받아들이지 못하거나 활용하는 데 게을리 하면 기회는 위기가 되어 버리고 맙니다.

뇌의 활동성은 인간의 삶의 가치를 결정하는 기능도 하지만 성공과 부의 창출을 이끌어 내는 수단이 되기도 합니다.

그런 점에서 사람의 머리는 아주 귀한 자산이요 보물과도 같습니다. 사람들이 성공하는 것도 커다란 부를 갖는 것도 모두 머릿속에서 그려지는 설계에 의해 달라집니다. 운명의 지도는 그 사람의 생각의 눈높이에서 출발을 합니다.

아래 글은 잡스가 한 말입니다.

> 창의력이란 그저 연결시키는 일입니다. 창의적인 사람들에게 이걸 어떻게 했냐고 물어보면 아마 약간은 가책을 느낄 것입니다. 왜냐면 사실은 무언가를 한 것이 아니라 그저 보았을 뿐이거든요. 한참 후 그들에게는 또렷해 보였고, 그것은 경험을 연결시켜 새로운 것을 조합해 낼 줄 아는 능력을 가졌기 때문입니다.
>
> – Steve Jobs

> 저는 조금씩 발전해 나가는 것을 매우 높이 사는 편이며, 저 또한 살면서 그런 적이 있었습니다. 그런데 항상 제가 끌렸던 것은 보다 혁신적인 변화였습니다. 왜 그런지 이유는 잘 모르겠습니다. 아마도 더 어려운 일이기 때문에 그럴 수도 있고 아니면 감성적으로 훨씬 더 스트레스를 주는 일이기 때문일 수도 있겠죠. 그러면서 보통은 모든 사람들이 나를 향해 완전히 실패했다고 말하는 시기를 겪기도 합니다.
>
> – Steve Jobs

새로운 변화, 새로운 제품에 대한 무한한 끌림. 그것이 혁신의 원동력입니다. 번뜩이는 아이디어가 아이패드와 아이폰을 낳은 것이 아니라고 말합니다. 그저 새로운 것과 기존의 것을 다양하게 연결시키는 상상력, 그게 창의력의 핵심입니다.

창의력의 핵심은 자신의 개발이다.
오늘보다 나은 내일을 준비하고
어제보다 나은 자신이 되도록 무단히 연마하는 것.
타인에게 기대기보다
스스로의 가치에 기대고
주어진 조건에 좌고우면하지 않으며
이성적인 생산성을 증대하는 것이다.
모든 사업의 기초는
자신의 경쟁력을 갖추는 데 있다.
스스로 강하면 참패를 면하고
자신이 나아가지 않으면
아무도 내 길을 대신 걸어 주지 않는다.

43

맨주먹을 사랑하라

사업을 하거나 일을 하기 위해서는 자본이 필요합니다. 실지 자본은 사업의 아주 중요한 근간입니다. 자본이 없어서 허무한 이상으로 끝이 나거나 중도에 포기되는 일들이 너무나도 많이 있습니다. 아무리 좋은 꿈을 꾸어도 자본이 없으면 고무풍선이 되고 맙니다. 그래서 사업을 하기 전에 가장 기본적으로 세우는 것이 자금 확보에 대한 설계입니다. 재정을 어떻게 마련하느냐가 사업의 운명을 가르기도 합니다. 그런데 진정으로 자본이 없으면 아무것도 할 수 없을까. 그렇지는 않습니다. 생각보다 맨주먹으로 할 수 있는 일은 얼마든지 있습니다.

우리 스스로 맨주먹으로는 아무것도 할 수 없다고 하는 편협한 사고에 매몰되어 있기 때문에 돈이 없으면 아무것도 시도하지 않으려고 하는 것뿐이지 세상에는 맨주먹으로 신화를 이룩한 입지전적인 사람들이 얼마든지 있습니다.

모든 것이 갖추어져 있는 상태에서 목적을 달성하는 것은 의외로 그리 많지 않습니다. 모든 것을 준비한 상태에서 제때에 할 수 있는 일은 그리 많지 않습니다.

준비를 마친 상태에서 출발하는 것은 빠른 속도를 낼 수는 있어도 실패와 위기가 닥쳤을 때 적절히 대응하는 능력을 배양하지 못합니다.

완성도가 있는 예술이나 뛰어난 문명의 이기를 보면 모든 것이 부족한 상태에서 시도되었다는 것을 알 수가 있습니다. 사업도 마찬가지입니다. 모든 것이 만족스럽게 준비가 되어 있으면 이내 나태해지고 맙니다. 위기가 닥치면 우왕좌왕하고 판단이 흐려지게 됩니다.

이미 넘치는 조건에 길들여져 있기 때문에 도중에 부족해지거나 위기가 닥치면 그것을 뛰어 넘지 못하고 견디지 못하는 것입니다. 앞날에 닥치는 불행을 제대로 견디어 내지 못하는 사람들은 무엇이든 준비를 다해 놓거나 갖추어져 있을 때 일을 한 사람들입니다.

그런 사람들은 위기에 대한 저항력이 약합니다. 외부의 충격이 조금만 강해져도 휘청거리고 맙니다. 맨주먹에 무엇을 할 수 있겠어! 이런 주문을 외우던 사람들은 쉽게 일을 하지도 못하고 새로운 도전에 망설임이 큽니다.

삶은 수없는 도전입니다 그러한 과정이 없다면 삶은 진정으로 무료합니다. 넘어져도 일어서는 치열한 도전정신과 다소 부족하고 덜 준비되어도 목표를 향해 첫발을 내딛는 용기가 필요합니다.

아무것도 없이 일을 할 수 있는 저돌성은 훗날 큰 성공의 기반이 되어 줍니다. 위기를 넘나드는 고해의 바다가 인생입니다. 과정 속에서 채워지는 것이지 이미 알맞게 채워진 것은 삶이 아닙니다. 그래서 맨주먹은 결코 빈약한 조건이 아닙니다.

이와 같은 설계와 시도는 자신을 강하게 하고 더 큰 세상을 열어 가도록 훈련을 시켜 줍니다. 이것이 사업의 핵심입니다. 삶의 역동성은 언제나 시도하는 것에 있습니다. 우리가 무엇을 할까 망설이는 시간이 긴 것은 모든 것을 준비해서 하고자 하기 때문입니다.

철저한 준비가 세상을 열어 가는 데 중요한 원리인 것은 사실이지만 이것은 때때로 우리의 꿈과 도전정신을 앗아가는 부정적인 함정이 되기도 합니다. 기회를 여러 번 놓쳤다고 말하는 사람들은 바로 이러한 부류에 속합니다. 준비하려다 시간 보내고 세월 다 보내는 사람들입니다. 일기장을 펼쳐 보듯이 돌아보면 세상에 제대로 방귀 뀐 일이 없습니다. 해 놓은 일도 없습니다. 죽 먹고 이 쑤시고 물 마시고 안주 먹는 꼴입니다.

이런 저런 생각을 놓고 고심이 많은 세상을 살 수밖에 없겠지만 그러다가 지금 다가온 기회를 고무풍선 날려 보내듯 잃어버릴 수가 있습니다. 밥이 되기를 기다렸다가 출근하는 시간을 놓치기보다는 생쌀을 씹어 먹으며 약속시간을 지키거나 하나라도 더 얻기 위해 세상 밖으로 몸을 던질 수 있어야 합니다.

속옷을 입지 않고 세상에 나가 힘차게 다닌다고 해도 절대로 달린 고추는 떨어지지 않습니다. 지금 시도하지 않는다면 훗날 아무것도 할 수 없습니다. 망설임이 큰 자는 오히려 일을 더 많이 그르치는 경우가 많습니다.

과감하게 세상의 여행을 즐겨야 합니다. 비록 실패를 할지라도 그것은 훗날 영광의 흔적이 되어 줍니다.

인생은 맨주먹으로 시작되고
빈손으로 마치게 된다.
태어나면서부터 우리가 받은 것은
고작해야 시간과 공간이다.
인생은 그렇게 시작된다.
그러므로 아무것도 없는 것에 대해 고민하는 것은
결국 시간 낭비이다.
유는 무의 창조적 활동에 의해 얻어지는 결과물이다.
자신이 아무것도 없다는 것은
많은 것을 가질 수 있고
가지고 있다는 것을 의미한다.

44

꿈은 마침표가 없다

꿈은 인간이 인간일 수 있는 귀중한 열쇠입니다. 이상과 꿈이 없는 사람은 이미 문명의 존재적 가치를 상실합니다. 포기하지 않는 인간의 질주가 역사발전의 원동력이 되어 주었고 문명사회에서 이전보다 더 나은 단계에서 다수가 행복을 추구하고 혜택을 누릴 수 있는 환경을 제공해 주었습니다.

잡스는 남이 꾸지 않는 꿈을 꾸었습니다. 그의 꿈은 인류를 보다 편리하게 하는 데 초점이 맞추어져 있었습니다. 많은 대중이 개인의 삶의 질을 높이기 위해 이기적인 자아를 형성해 가고 있는 시점에서 그의 꿈은 보편적이었으며 세상 열기에 앞장서는 지점에 있었습니다.

잡스의 꿈은 남이 걸어가지 않고 시도하지 않는 것을 추구했다는 점에서 위대했습니다. 그리고 대다수 그의 꿈은 죽기 전까지 이루어졌습니다. 세상은 그로 인해 보다 편리해졌습니다. 꿈은 이토록 위대한 인생의 중요한 설계이고 최종 목적의 가치를 지니며 인생 전반에 영향을 미치게 됩니다.

모든 분야에서 발전의 속도를 가속화시킬 수 있는 에너지를 확보했습니다. 발명과 기술의 진보는 이렇듯 인간과 세상에 변화를 촉구하게 됩니다. 세상이 인간 각자에게 원하는 것은 바로 꿈입니다.

인간은 누구나 꿈을 꿉니다. 그리고 누구나 꿈을 꾸어야 합니다. 꿈은 무한자유의 영역이고 제어 받지 않는 또 다른 진보적 세상입니다. 구체적인 설계만이 꿈이 아니고 이상이 아닙니다. 모든 꿈은 그 자체로 영예로운 가치를 지니고 있습니다. 세상 열기의 무수한 도전과 시도는 바로 꿈이 전하는 마력입니다.

요즘은 꿈이 사라지고 운에 기대는 시대가 되었습니다. 요행을 바라거나 누군가에 기대고 의존하는 시대가 되었습니다. 자기 철학의 빈곤 시대가 된 것입니다. 꿈은 의지와 신념의 소산입니다. 꿈은 부피와 크기에 제어당하지 않기에 위대합니다. 그러므로 꿈은 마침표가 없습니다.

자신이 무엇이 되겠다고 설계하지 않는다면 이미 그의 인생은 자신의 인생이 아닙니다. 자신만의 인생을 살아가려면 누구나 꿈을 꾸어야 합니다.

이루지 못할 꿈은 없습니다. 다만 우리가 도달해야 할 과제들을 스스로 기피하고 그에 부합한 행동과 실천에 게으른 시대를 살아갈 뿐입니다.

꿈은 자신을 소비하지 않습니다. 자신의 능력을 향상시키며 목표를 구체적으로 세워 나가는 스승이 되어 줍니다.

꿈을 기피하는 것은 자신이 안일에 빠져 있다는 증거입니다. 활동적이고 능동적인 열정을 가진 사람들은 매일 매일 꿈을 꿉니다. 자기 능력에 선을 긋지 않습니다. 무엇이든 할 수 있고 도달할 것이라는 신념을 불태웁니다.

그런 상태로 나아갈 때 비로소 꿈은 이루어집니다.

꿈은 자기 헌신을 요구합니다. 도전과 열정을 요구합니다. 준비와 학습을 요구합니다.

꿈은 희망의 길을 여는 안내자이다.
뛰어넘고자 소망하는 자들의 영토이고
취하도록 마셔야 하는 생애의 술잔이다.
이상과 현실을 구분하는 꿈은 이미 오염된 상상이다.
이상이 곧 현실이 되고 상상이 곧 열매가 된다.
우리를 이끌어 가는 것은 꿈이라는 마차이다.
이상이니 현실이니 선을 긋지 말고
매일 매일 꿈을 꿀 때 그 시간부터
위대한 시간여행이 가능해진다.

45

실패에 연연하지 말고 실패를 예비하라

실패와 실수로부터 자유로운 사람은 없습니다. 삶은 무수한 실패와 실수를 반복하면서 완숙해집니다.

실수는 인생의 거울입니다. 자신을 점검하고 새로운 단계로 접어들게 하는 학습입니다. 작은 실수이건 큰 실수이건 모든 실수는 교훈을 담고 있습니다. 소위 삶이 제공하는 양면의 함정입니다. 누구나 인생이 제공하는 함정에 빠집니다. 실수가 많아지면 실패를 부르는 것은 당연합니다.

그런데 지나치게 실패에 연연하는 사람이 있습니다. 처음 시작한 실패의 단계에서 벗어나지 못하고 고민에 빠진 사람들이 많습니다. 조금 더 잘 할 걸, 이렇게 되지 않을 수도 있었는데 하는 아쉬움의 단계에서 좀처럼 벗어나려고 하지 않습니다.

실패에 연연하느라 다가오는 시간과 미래를 예비하지 못하고 또 다른 실패가 다가오는 것도 모릅니다. 실패는 새로운 세상을 나아가기 위해 마련된 성공의 관문입니다. 그 시간은 그리 길지 않고 후회만의 산물이 아닙니다.

성공은 무수한 실패를 먹고 살아갑니다. 빛나는 성공 뒤에는 실패가 녹아 있습니다. 그러기에 성공의 가치가 빛나는 것입니다.

진정한 승자는 깊은 회환과 실패의 그림자를 가지고 있습니다. 요행이 아닌 다음에야 아픈 상처의 과정을 거치지 않을 수 없습니다. 차라리 그 시간에 다가올 실패를 예비하는 것이 현명합니다. 두 번 다시 실패하지 않기 위한 교훈을 얻은 것으로 만족하고 다시 한 번 심기일전하면 됩니다.

뼈아픈 고통으로 얼룩진 성공은 찬란합니다. 오히려 실패 앞에 선 자는 성공신화의 예비후보가 됩니다. 모든 실패는 자신의 스승입니다.

실패 속에서 실패하지 않는 동기부여를 교훈으로 받는 사람은 이미 반은 성공한 사람입니다. 거울을 바라보면서 옷매무새를 만지면 반듯하게 걸치게 됩니다. 화장을 하고 머리를 만지는 행위도 쉽게 흐트러지지 않는 자신의 모습을 만들어 낼 수 있습니다. 그러나 거울을 보지 않고 머리를 만지거나 옷을 입으면 걸친 옷이 자신에게 어울리는지, 머리는 제대로 만졌는지 모르게 됩니다. 모든 게 엉성한 채로 거리를 나서게 됩니다. 실패를 거울삼는 것도 이와 같습니다. 긴 인생을 걸어가면서 얻게 되는 실패는 다가올 실패를 건너뛰는 기술이 되고 방패가 되어 줍니다.

인생은 매우 깁니다. 그동안 해 온 일보다 앞으로 해야 할 일이 더 많습니다. 이제 기운을 차리고 지금 실패한 자리에서 훌훌 털고 일어나 새로운 시작을 해 보는 것이 좋을 듯합니다.

생애는 실패의 눈금으로 나이를 먹어 갑니다. 어떤 사람은 그 나이테가 남들보다 많기도 하고 또 어떤 사람은 상대적으로 실패의 나이테가 적습니다. 그런데 실패의 나이테가 적고 많은 것은 중요하지 않습니다. 과정의 실패는 성공의 열매를 달게 하기 때문입니다.

넘어지면 다시 일어나라. 일어나거든 다시 넘어짐을 두려워 말라. 그리고 다시 넘어지거든 다시 일어서라. 그렇게 다시 일어서고 넘어지는 것을 반복하는 순간 어떠한 장애물이 앞을 가로막더라도 당신은 넘어지지 않을 수 있게 됩니다.

실패를 스스로 인정하는 것은 매우 가치 있는 수확입니다. 책임을 지는 태도는 변화와 혁신의 출발이 되기 때문입니다. 책임을 부인할수록 자신이 책임을 져야 하는 부피는 갈수록 커지는 법입니다. 오늘 책임을 지지 않으면 다가오는 내일을 변명으로 보내게 됩니다. 그러면 실패는 다가오는 모든 시간 속에서 무수한 실패를 잉태하고 부화하여 인생 전반을 실패로 살아가도록 자신을 이끌어갑니다.

성공을 열망하면서도 오늘의 실패를 인정하지 않는다면 성공은 들판의 무풍처럼 머물지 않고 어디론가 사라져 갑니다.

46

비빌 언덕은 자기 자신이 만드는 것이다

기회를 낚는 어부가 되려면 자신의 경쟁력을 스스로 갈고 닦는 자세가 필요합니다. 타인에 의존하고 부모에게 의존하는 것은 그 자체로 경쟁력 약화를 불러옵니다. 오직 자신만이 세상에 나아가 나무와 풀을 베고 위기를 베는 무사가 될 수 있습니다. 세상살이는 일대일의 교류이고 해후입니다.

누군가 내 인생을 거들어 줄 것이라는 기대를 아예 하지 않는 길이 성공하는 인생을 살아가는 기초가 됩니다. 더불어 살아가는 것과 타인에게 기대는 것은 다른 의미입니다.

누군가와 기대며 살아가는 일은 사회성의 일면과 약간의 필요성일 뿐입니다. 집단을 이루는 거대 사회 구조 안에서 그룹을 이루는 것은 당연합니다.

그러나 그 안에서 자신은 스스로의 자립 의지와 나름의 설계가 있어야 합니다. 주관적이고 명백한 목표 안에서 집단을 이루지 않으면 경쟁사회에서 낙오되는 것입니다. 뜻을 이루기 위해서는 소가 비빌 언덕이 있어야 하는 것은 당연합니다. 그 뜻을 이루기 위해 우리는 부모와 형제를 의지하며 살아갑니다. 사회 초년생들은 거의 다 이러한 의존성을 가지고 있습니다.

그런데 이러한 의존성은 인생을 살아가는 데 해악이 됩니다. 처음에는 남이 도와주는 것이 지렛대 역할을 하는 것 같지만 남의 도움을 받아 실패하는 경우에 직면할 때는 도움을 받지 않음만 못한 사태에 직면하게 됩니다.

의존성은 또 다른 의존성을 불러옵니다. 부모에게서 가업을 물려받거나 재산을 물려받아서 사업을 하는 사람들이 실패를 할 경우 재기하기 쉽지 않다는 것을 종종 보게 됩니다. 스스로의 설계와 준비가 부족한 사람들은 경쟁에서 뒤처지게 됩니다.

그래서 진정한 승자는 스스로 모든 조건을 만들어 갑니다. 남에게 의존하고 가진 것이 부족한 것을 한탄하거나 원망하기보다는 그 시간에 자신의 역량을 강화하고 강단 있게 현실을 타파해 나가는 것입니다.

이러한 사람에게 실패는 가까이 오지 못하고 일정한 거릴 두고 지내게 됩니다. 실패는 그 실패를 두려워하는 자의 인생을 배회합니다. 스스로 노력하는 행위는 언젠가는 값진 삶의 영화를 안겨주는 길라잡이가 되어 줍니다.

스스로 준비하는 조건이 극히 작고 볼품없는 것일지라도 그것은 개인의 역사가 되고 삶의 진정성이 됩니다. 아무도 나의 삶을 대신 살아주지 않습니다.

주인은 오직 자신입니다. 분명하고 냉혹한 마음가짐만이 스스로를 강하게 단련시켜 세상이라는 무사와 한 판 진검 승부를 가려 승리하도록 이끄는 것입니다.

사람들은 인생은 혼자 가는
여행이라는 사실을 잘 알면서도
스스로 헤쳐 나가는 일에 매우 게으르다.
기대는 곳이 없으면 이내 무너지고
누군가 자신과 벗하지 않으면
금세 나약해진다.
타인을 의지하는 것이 무서운 것은
홀로 떨어졌을 때 아무것도 하지 못하는
병약한 인간이 된다는 점이다.

47

100번을 100번 도전하라

도전은 성공을 향한 아름다운 구애입니다. 도전 없는 삶은 무료한 일상의 연속일 뿐입니다. 고난, 위기, 절망, 그와 유사한 세상살이의 모든 인간적인 갈등의 대상까지 인간은 도전하면서 그 험난한 세계를 뛰어 넘어갑니다.

사람은 위기를 넘나드는 곡예사입니다. 이것은 인간에게 부여된 숙명적인 사건이고 숙제입니다. 문제로부터 자유로운 사람은 아무도 없습니다. 모두가 문제 속에서 신음하는 인생을 살고 있습니다. 변화를 갈망하는 사람들이 많이 있습니다.

그것은 현재 놓인 상황을 개선하려는 의지의 산물입니다. 오늘보다 나은 내일을 기약하고 설계하는 우리들은 미래시간을 정복하고 주인이 되기 위해 도전하는 일을 멈추지 않습니다.

도전은 더 큰 세상을 열어가는 수단입니다. 이러한 싸움은 죽을 때까지 이어가야 합니다.

인간은 새로운 영역에 대해 탐구하는 자세를 가져야 합니다. 미래는 그냥 다가오는 것이 아니라 준비하고 도전하는 자에게 다가옵니다.

주어진 현재와 미래가 벗으로 남느냐, 아니면 참다운 패배의 잔치로 이끄는 적병이 되게 하느냐는 오직 자신의 몫입니다. 세상은 우리가 생각하는 이상의 가치를 가지고 있으며 무한한 꿈의 전당입니다.

세계는 넓고 아직은 할 일이 많으며 무수한 세계가 우리의 도전을 기다리고 있습니다. 싸워 넘어트리면 그것은 곧 자신의 세계가 됩니다.

절망과 마주하는 사람들은 이러한 사실을 알아야 합니다. 패배는 있습니다. 그러나 도전은 그러한 패배를 뛰어넘어 또 다른 신화를 창조하는 동기가 되어 줍니다.

한번 상처를 입은 사람은 사랑하는 일을 기피하게 됩니다. 그런 사람들은 진정한 사랑을 쟁취하지 못합니다. 또다시 실패할 수 있다는 두려움 때문에 자신에게 다가온 아름다운 사랑도 발견하지 못하고 놓치는 우를 범하게 됩니다.

가치 있는 사랑을 쟁취하는 사람은 도전하고 또 도전하면서 자신이 원하는 가장 아름다운 사랑을 만나게 됩니다. 인생을 살아가는 것도 이와 같습니다.

성공하기 위해서는 성공의 문을 두드려야 합니다. 그것도 수없이 많은 시도와 열정적인 투혼으로 싸워야 합니다. 그래야 성공은 그대를 기억하고 문을 열어 줍니다.

실패 앞에서 좌절하는 것은 두 번 실패하는 것입니다. 멈추어 서 있으면 진보는 없습니다. 오직 두 발을 내딛고 도전의 영역 안으로 온몸을 던져야 합니다. 부딪히면 길이 열립니다. 우리가 실패하는 것은 스스로 실패하기 때문입니다.

자신이 실패하지 않는 사람은 다시 일어서서 달려갑니다. 조건을 논하면서 멈추어 서 있는 인생은 스스로 아무것도 할 수 없다는 것을 인정하는 패배자의 증언입니다. 달려가다가 넘어지는 모든 자취는 위대하고 거룩합니다.

아무것도 시도하지 않고 삶의 가치를 알려 한다는 것은 어불성설입니다. 내 안에서 숨을 쉬고 있는 패배의 그늘 속으로부터 자유 선언을 하지 않으면 삶은 더 이상 진보하지 않습니다.

오늘보다 나은 내일을 꿈꾸지 않는다면 썩은 시체와 같은 것입니다.

넘어짐은 인생의 수업이다.
무수한 상처와 시련을 거쳐서
사람은 단련된다.
도전하고 또 도전하면
길은 열리고 담은 무너진다.
한번 해 보고 안 되는 것은
두 번 부딪쳐 보면 되고
두 번 부딪쳐 안 되는 것은
세 번 부딪치면 된다.
중단하지 않고 도전하는 것은
멈추어 서 있는 것보다
위대한 선택이고 행동이다.

눈물 없는 빵을 먹어 본 사람이 아니면 인생을 논하지 말라는 말이 있습니다. 생은 우리가 예기치 않는 절망과 위기와 슬픔과 상처 속을 걸어가도록 이끌어 갑니다. 태어나는 순간 영광을 갖게 하는 삶이란 애당초 존재하지 않습니다. 삶은 기쁨과 슬픔이라는 밥상을 동시에 차려 줍니다. 성공과 좌절이라는 명제 앞에서 수없는 갈등과 절망을 맛보게 합니다. 그것이 생활의 법칙입니다. 선택은 언제나 자신의 몫으로 남습니다. 누군가에게 기댈 수 있으나 내 인생을 단 하루도 대신 살아 주지 않습니다.

정글은 흥미진진한 즐거움과 새로운 것에 대한 충만감을 안겨 주지만 예기치 않는 사고를 통해 위기를 맛보게 합니다. 그래도 우리는 정글 속의 여행을 즐겨합니다. 모험은 인간의 특성이기 때문입니다. 두려운 마음에 정글을 여행하지 못한다면 우리는 영원히 다른 세계에 도달할 수 없습니다. 삶은 모험이고 무수한 상처의 밭입니다.

그러나 인간은 그 길을 피하거나 돌아서 가면 안 됩니다. 이러한 숙명의 잔치는 우리가 죽을 때까지 이어집니다. 가난한 환경에서 태어나서 제대로 배우지 못하고 남루한 차림에 밑바닥 인생을 걸어갔을 지라도 그 피나는 외로움과 지독한 고독의 자국들은 삶을 영화롭게 하는 씨앗으로 부활합니다.

그래서 현재의 고통은 고통이 아니라 삶의 진정한 희락입니다. 밑바닥 인생의 지난 자취와 줄거리는 그곳을 벗어나면 진정한 영광을 획득하는 중요한 에너지였다는 사실을 깨닫게 됩니다. 그래서 어떠한 위기가 닥친다 해도 삶의 항해는 멈추지 않아야 합니다.

길을 세우고 목표를 정하고 진일보하면 상처는 영광의 영상이 되어 우리를 반겨 줍니다. 젊었을 적의 고생은 사서 한다는 말도 있습니다. 사람이 겪는 위기와 아픔은 인생의 생명수와 같습니다. 성공의 이면에는 우리가 헤아리지 못하는 숱한 그늘이 숨겨져 있습니다. 도로를 씽씽 달려가듯 성공하는 사람은 없습니다. 가다가 멈추고 추락하고 사고를 당해 다치면서 도달하는 것입니다 그래서 지금의 고난과 밑바닥은 아주 중요한 인생의 성공 자원입니다. 원망은 금물입니다.

> "고통 받으며 투쟁하고, 사랑하며 노래하는 것이 내 몫이었다.
> 승리의 기쁨과 패배의 아픔을 세상에 나누어 주는 것이 내 몫이었다.
> 빵도 맛보고 피도 맛보았다.
> 시인이 그 이상 무엇을 바라겠는가.
> 눈물에서 입맞춤에 이르기까지,
> 고독에서 민중에 이르기까지,
> 그 모든 것이 내 시 속에 살아 움직이고 있다.
> 나는 시를 위해 살아왔고,
> 시는 내 투쟁의 밑거름이었다."
>
> —네루다, 자신의 자서전에서—

가진 것이 없을 때 가질 것을 찾게 되고
오르고자 하는 열망이 있을 때
정상을 기웃거리게 된다.
추락하는 곳에서 날고자 하는 꿈을 키운다.
빛나는 희망이 싹트는 자리는
넘치는 자리가 아니라
언제나 부족한 자리이다.
밑바닥은 그래서 고귀하다.
그 공간은 결코 빈자리가 아니다.

48

기회는 사람이 가져다준다

어떤 사람이 가져다준 일이 내가 평생 동안 찾지 못한 커다란 행운일 수 있습니다. 평생 동안 이루고자 했던 꿈일 수도 있습니다. 지금까지 쌓아온 성보다 크고 견고한 성일 수 있습니다.

사람은 그만큼 소중한 것입니다. 기회는 내가 만드는 것 같으나 대다수의 행운을 사람이 가져다줍니다. 물론 자신이 노력을 해야 한다는 전제가 깔리지요. 준비하거나 노력을 병행하지 않는 사람에게는 좋은 귀인도 나타나지 않고 행운도 다가오지 않습니다.

모든 사람은 각자 운을 가지고 있으며 합이 잘 이루어지고 만나야 할 사람들을 제대로 또는 제때에 만나게 되면 큰 행운이 일어나고 천하를 도모할 수 있습니다. 좋은 운을 가지고 있는 사람은 좋은 운을 가져다주고 나쁜 운을 가지고 있는 사람은 나쁜 운을 뿌리고 돌아다닙니다.

그래서 사람 섬기는 일을 게을리하면 안 됩니다. 그렇다고 누구나 귀인을 만나는 것은 아닙니다. 평소 자기 개발을 게을리하는 사람은 귀인을 만나도 기회를 갖지 못합니다. 사람은 능히 그 일을 해 낼 수 있는 사람에게 행운을 가져다주기 때문입니다.

혼자 유아독존식으로 살아가는 사람에게도 좀처럼 기회는 오지 않습니다. 더불어 살아가면서 나의 유익보다는 모두의 유익을 도모할 줄 알고 사람을 이익으로 보지 않으며 오직 선을 이루고 큰 뜻을 이루고자 하는 천하의 기개를 가졌을 때 기회는 찾아옵니다.

벌이 향기 나는 꽃이 아니면 가지 않듯이 사람도 향기가 나는 사람을 찾아다닙니다. 사람은 사람에게 기회를 주기도 하고 기회를 받기도 합니다. 사업을 하는 것도 결국은 사람을 모시는 것입니다. 사람과의 관계가 얼마나 소중하고 값진 것인지 모릅니다. 준비를 철저히 하고 사람을 귀히 여기는 사람은 귀인을 받아들여 능히 성공의 기회로 삼아 나갑니다.

그러나 그렇지 못한 사람은 귀인이 자신에게 다가와도 모르며 오래 머물지 않고 떠나가게 합니다. 사람을 머물게 하고 기회를 갖는 것도 다 자신의 할 탓입니다.

사람과의 관계에서 가장 중요한 것은 베푼 것을 기억하지 말고 받은 것을 기억하는 것입니다. 어떤 사람은 자신이 받은 것은 기억하지 않고 베푼 것만을 기억합니다. 그러니 상대의 소중함을 느끼지 않게 되고 결국은 좋은 가연도 악연이 되어 버리는 잘못을 저지르게 되는 것입니다. 반대로 상대에게 받은 것을 기억하는 사람은 항상 상대를 소중하게 여기고 감사할 줄 알기에 좋은 운을 주고받게 됩니다.

아무리 뛰어난 능력을 가진 사람도 사람을 귀히 여기지 않는 사람에게는 가장 안 좋은 것을 가져다주고 아무리 능력이 떨어지는 사람도 자신을 소중히 여기는 사람에게는 좋은 장점만을 쏟아 부어 주는 것입니다.

머물고 만나는 것이 이와 같이 나의 선택과 행위에 의해서 복이 되고 악이 되어 돌아갑니다. 사람은 이미 하늘이 소중히 여기는 존재이기에 땅에 사는 인간이 같은 인간을 극진히 여기는 것은 자연의 이치이고 하늘의 이치입니다.

사람이 모여드는 것은 곧 운이 자신에게로 오는 것입니다. 그런데 보통 사람들은 사람이 기회를 가져다주는 것을 모릅니다. 그래서 자신에게 오는 사람도 귀히 여기는 데 소홀히 하게 되고 결국은 기회까지 놓치게 되는 잘못을 저지르게 됩니다. 사람이 떠나면 천하의 기가 떠나고 사람이 모여들면 천하의 운이 모여드는 것을 깨닫지 못하는 것이지요.

사람은 사람과 벗하며 살아가는 것 말고도 사람의 운을 결정짓는 행위를 합니다. 천하를 도모하려면 천 가지의 지혜가 있어야 하고 또한 천 명의 사람이 있어야 합니다. 가진 게 부족하고 배운 바가 없어도 사람을 잘 다스리고 관리하는 사람은 언젠가는 성공을 하게 되어 있습니다.

서비스 업종을 하는 사람이 친절하고 공손하게 손님을 대하면 장사도 잘되고 돈을 벌지만 친절하지 않거나 손님을 귀히 여기지 않는 가게는 장사가 안 되는 것을 볼 수 있습니다. 이것이 사람을 대하는 기술이고 순리입니다. 하물며 자신의 근거리에서 머물고 함께하는 사람은 오죽하겠습니까?

농부는 씨앗을 소중히 여기고
새는 날개를 소중히 여기며
구름은 바람을 소중히 여긴다.
나무는 뿌리를 소중히 여기고
사람은 사람을 소중히 여겨야 산다.
내가 살 수 있는 것은 내가 누군가에게
기대고 있기 때문이며
나는 누군가가 기대는
상대가 되어 주기 때문이다.

49

꿈은 배신하지 않는다

어떤 꿈도 자신을 배신하지 않습니다. 언제나 꿈에게 배신하는 것은 우리 자신입니다. 자신이 꾸는 꿈과 지속적으로 한눈팔지 않고 동행하는 사람을 배신하는 꿈은 없습니다.

꿈의 마력은 여기서부터 출발을 합니다. 그런데 사람들은 꿈이 자신을 배신한 것으로 오인하며 살아가고 있습니다. 미리 설정한 꿈을 포기하고 커다란 이상과 포부의 곁을 거닐려고 하지 않습니다.

그것은 꿈이 자신을 배신한다고 믿기 때문입니다. 내가 어떻게 그런 일을, 또는 그런 사람이 될 수 있겠냐고 아예 선을 그어놓고 꿈과 동행을 하니 그 꿈이 실현될 리 없고 끝까지 자신과 동행을 해 줄 리가 만무합니다.

꿈을 꾼다는 것은 굳세게 손을 잡는 것이며 이룰 때까지 긴 시간 동행할 것을 서약하는 것입니다. 굳은 결의로 동맹의 관계를 맺고 인생의 바다를 헤엄쳐 나가면 꿈은 도중에 사라지지 않고 죽을 때까지 가까운 벗으로 동행해 줍니다. 도중에 꿈과 결별을 하게 된다면 스스로 꿈을 포기하기 때문입니다.

쉽게 포기하는 사람들은 끝까지 꿈과 동행할 수 없습니다. 종국에는 배신을 당하고 맙니다. 자신이 설정해 놓은 대로 실천하며 살아가는 사람들은 그리 많지 않습니다. 이런저런 이유로 도중에 포기하거나 새로운 설계와 시도를 하게 됩니다.이런 경우는 현실적인 환경과 조건을 살피면서 어쩔 수 없이 자신이 꿈을 버리게 됩니다.

그러나 우리가 버린 꿈은 대체적으로 실현가능한 일입니다. 이룰 수 있는 꿈은 이룰 수 없다는 자각 속에서 사라집니다. 훗날에 생각해 보면 그것이 잘된 결단일 수 있으나 능히 할 수 있고 도달할 수 있는 꿈이었다는 사실을 알게 되는 경우가 허다합니다. 그래서 인생을 돌아보면서 후회하는 시간이 많아지게 되는 것입니다.

모든 사람들이 만족스러운 인생을 살지 못했다고 고백하고 있습니다. 왜일까? 그것은 꿈을 위해 최선을 다하지 않았기 때문입니다. 애초에 설정한 꿈을 버리면서 살아왔다는 사실을 깨닫기 때문입니다.

좀 더 잘 할 수 있었다는 사실은 그만한 능력이 자신에게 내재되어 있었다는 것을 증명합니다. 다만 당시에는 그 사실을 외면하고 깨닫지 않았을 뿐입니다.

인간은 대체적으로 자신의 능력을 모두 발휘하며 살지 못합니다. 생체적인 한계를 드러내는 인간의 나약한 모습이기도 하지만 그 반면 많은 인간은 자신의 잠재력을 이끌어내는 데 실패하며 살아가고 있다는 사실을 반증합니다.

많은 사람들이 인생을 돌아보며 후회하고 있습니다. 성공한 사람이

건 성공하지 못한 사람이건 차이가 별로 없습니다. 물론 성공한 사람들은 이러한 후회가 상대적으로 적을 수 있습니다. 그러나 성공한 사람들은 더 큰 성공에 도달할 수 있었는데 하는 아쉬움을 가지고 있습니다. 더 크게, 더 멀리, 더 높게, 더 많이 성공할 수 있었는데 하는 목마름은 성공한 사람이나 성공하지 못한 사람이나 비슷합니다.

이러한 사실은 우리가 좀 더 치열하게 인생을 살아가야 한다는 교훈을 얻게 하며 높은 이상을 가져야 한다는 명백한 논리에 도달하게 합니다.

그리고 무엇보다 꿈을 꾸는 한 그 꿈이 실현되도록 최선을 다해야 한다는 점입니다. 왜냐하면 꿈은 결코 자신을 배신하지 않는다는 사실 때문입니다. 최고의 기량을 발휘하지 않고서는 일등이 될 수 없습니다.

프로가 아니면 경쟁에서 이길 수가 없습니다. 자신이 이 정도면 승기를 잡았다는 안일함에 빠지는 순간 꿈은 자신의 곁을 떠나가고 시간을 보내고 난 시점에서 후회하는 인생을 살아갈 수밖에 없습니다. 생활이 우리를 속인다고 생각하지 말아야 합니다. 삶은 우리를 절대 속이지 않습니다. 우리를 속이는 것은 언제나 우리 자신입니다. 우리를 속이는 데 영향을 주는 것은 자신의 미숙한 판단과 불합리한 사고 체계일 뿐입니다. 그중 가장 커다란 영향은 부정적인 생각입니다. 우리들이 불행이라는 함정에 쉽게 빠지게 되는 것은 많은 부분에서 책임 전가를 하기 때문입니다. 인생은 그 자신의 원격으로 충분히 조종 가능합니다. 행복하거나 성공하거나 실패하거나 불행하거나 이런 모든 것들이 내 안의 사고 체계의 반영에 의해 결과가 달라집니다. 이 사실은 우리 자신이 인생을 어떤 가치관을 갖고 살아야 한다는 사실을 극명하게 보여 줍니다.

생활이 우리를 속인다고 생각하는 곳에서부터 삶의 균형과 틀이 깨집니다. 세상의 많은 불행은 긍정적인 생각으로 치유가 가능합니다. 풍요의 조건에 놓여 있는 사람들이 한순간에 추락하는 것은 그 당사자의 생각이 긍정적인 생각에서 부정적인 생각으로 바뀌었기 때문이라는 것을 알 수 있습니다. 주변의 여건이 스스로 감당하지 못할 만큼 변화를 거듭하는 요인이 그 사람의 인생을 실패로 몰고 가기도 하지만 전반적인 원인으로 규정하기에는 인생은 인간의 설계와 예지에 의해 관리가 가능하다는 것을 알 수 있습니다. 성공하는 사람들을 만나 대화를 나누어 보면 단 하나의 부정적인 생각도 들을 수가 없습니다.

반대로 실패한 사람들의 생각을 들어 보면 온통 생각이 부정적이라는 것을 알 수가 있습니다. 결국 인생이 우리를 속이는 것이 아니라 우리 자신이 자신을 속인다는 사실을 알게 합니다. 우리는 많은 부분에서 우리 자신을 잘못 훈련시키고 있습니다. 이 시점에서 반드시 필요한 것은 우리들 내면의 가치관을 긍정적인 상태로 최면 걸고 도배해야 한다는 것입니다. 자기를 변화시키면 인생은 우리가 도달하지 못하거나 도달할 수 없다고 생각하는 단계에 깊숙이 도달하게 합니다.

꿈을 논하는 일은 그 자체가 역동적이고 진취적인 일입니다. 역사는 꿈을 통해서 시작되었습니다. 개인의 삶도 마찬가지입니다. 가장 보편적이고 평등한 것이 인간이 가지고 있는 꿈입니다. 누구나 꿀 수 있다는 점에서 정신혁명의 대안입니다.

성공의 이면에는 꿈이라는 자산이 있습니다. 그 자산은 신분에 차이가 없이 골고루 분배 받을 수 있습니다. 보다 나은 생활을 영위하려는 본능을 구체적 단계로 설계하도록 이끄는 마르지 않는 자원입니다.

꿈은 혁명의 도구이면서 발전의 축입니다. 미래로 가는 터널이기도 합니다. 한 발 앞서가는 사람들은 모두가 꿈이라는 교통수단을 이용

합니다.

왜 꿈을 꾸어야 하는가? 꿈은 새로운 시야를 넓혀 주고 미지의 세계를 왕래하는 수단이 되어 주기 때문입니다. 꿈을 꾸지 않는 자는 설계가 없습니다. 미래를 열어가는 힘은 오직 꿈입니다. 꿈을 꾸는 사람은 성공 전략의 기술을 습득하는 기회를 갖게 됩니다. 어떠한 꿈도 제약을 받지 않습니다.

들판에 야생화가 있다면 인간의 가슴속에는 꿈이라는 식물이 자라고 있습니다. 지금 처한 환경이 다소 힘들고 어려워도 희망적일 수 있는 것은 인간은 누구나 꿈을 꿀 수 있기 때문입니다.

사람은 시간이 흘러갈수록 꿈의 마력으로부터 멀어져 갑니다. 그 가치로부터 벗어나 고만고만한 삶의 설계를 그리는 데 익숙해져 있습니다. 평범한 삶을 그려가는 사이 어느덧 꿈은 내게로부터 멀어져 가기 시작합니다. 자신의 이상은 점점 작아지고 볼품없는 현실의 노예로 전락해 가는 자신을 선물로 받아야 합니다.

현실에 안주하는 자에게는 꿈이 없습니다. 꿈은 모든 성공의 필수 자본입니다. 꿈을 갖는 것은 자기 리더십을 갖는 길입니다. 스스로 운영하고 이끌어가는 목표의식 없이 인생을 성공적으로 살아갈 수 없습니다. 가진 것이 없어서 불행하기보다 꿈을 꾸지 않고 잃어버렸기 때문에 불행한 사람들이 더욱 많습니다.

꿈은 정신혁명의 에너지이며 앞선 선각자들은 남들이 잠을 잘 때 꿈을 꾸는 사람들입니다. 남겨진 모든 시간을 꿈으로 채우고 다가오는 모든 시간을 꿈으로 채색해 갈 때 우리의 삶은 저절로 영화로워집니다.

꿈을 꾸는 데 필요한 것은
미리 겁먹지 않는 일이다.
이룰 수 없다고 미리 선을 긋게 되면
어떠한 꿈을 꾸어도 이룰 수 없도록
자신을 맹렬하게 퇴화시킨다.
꿈은 제어되지 않은 이상과의 열애이다.
최선을 다하는 꿈은
매우 정직한 열매를 맺게 한다.
치밀한 계획을 동반하지 않아도 된다.
꿈은 자체로 영예로운 활동이기 때문이다.

50

성공은 결코 운에 의해서만 결정되지 않는다

세상 모든 사람들이 돈을 벌기 위해 노력합니다. 그런데 노력한 만큼 벌어들이는 사람은 많이 없습니다. 시간이 지나가면서 우열은 가려지고 어떤 사람은 승자의 편에, 어떤 사람은 패자의 편에 줄을 서게 됩니다. 조사에 의하면 우리나라 대학생 중 60%가 성공을 운으로 규정했다고 합니다. 저는 이 소식을 접하고 울컥 눈물이 솟는 것을 느꼈습니다.

한참 도전하고 노력해야 하는 젊은이들이 성공을 운으로 규정하는 세상이 되었으니 무슨 말을 해야 할까 걱정부터 앞섭니다. 이러한 의식구조는 사회현상을 암울하게 하고 장차 미래 경제 활동성의 둔화를 예시한다는 점에서 부정적인 현상임에는 틀림이 없습니다.

노력한 만큼 성공할 수 없다고 미리 예견하고 있는 젊은이들이 과연 사회에 어떠한 유익을 끼칠 것이며 개인의 잠재력과 능력을 마음껏 펼쳐 가리라고는 생각할 수 없습니다.

단언하건데 성공은 노력의 산물이지 운으로 만들어지지 않습니다. 모든 성공에는 뼈아픈 성찰과 예지와 땀이 배어 있습니다. 사람을 속이고 피해를 양산하여 부를 축적하는 비인간적인 기업가 말고는 그러합니다.

하늘은 스스로 돕는 자를 돕는다고 했습니다. 만약 성공이 운에 의해 결정되는 것이라면 운을 찾아 여행을 떠나면 되지 무엇 때문에 경쟁의 바다에서 하루 종일 노를 저어 가고 있겠습니까? 그만큼 노력하지 않고 성공하려는 사람들로 넘쳐나고 있다는 사회 현상을 반영하는 결과라고 해야 할 것입니다.

치열하게 사는 자는 반드시 성공하게 되어 있습니다. 적당히 운에 기대어 성공하기를 바란다면 이것은 사고의 불균형이며 결코 개인의 인생에 긍정적인 영향을 안겨 주지 않습니다. 성공하는 사람은 꿈이 있습니다.

반드시 성공하고 말겠다는 의지와 설계가 준비되어 있는 것입니다. 요즘은 돈을 많이 버느냐 안 버느냐가 성공의 기준입니다. 과정이 중요하다고 하지만 결과가 빈약하면 아무리 노력이 가상하고 크다고 해도 성공의 반열에 오를 수가 없습니다. 가진 것이 없는 사람은 사회적으로도 인정을 받지 못합니다.

물질 숭배 사상을 전파하려는 것은 결코 아닙니다. 적어도 성공의 60%가 운에 의해 결정된다고 하는 맹신에 가까운 반이성적인 사고에서 탈피해 살아가자는 이야기입니다.

돈을 잘 벌기 위해서는 멘토가 필요합니다. 조훈현 9단은 일본으로 건너가 좋은 스승을 만나 오늘에 이르렀습니다. 조훈현은 다시 이창

호의 스승이 되었습니다. 그들은 대대로 대물림하면서 바둑사에 크나큰 업적을 남겼고 성공을 거두었습니다.

이 모든 것이 인생의 스승을 잘 만난 결과입니다. 돈을 잘 벌려는 사람이 돈을 잘 번 사람을 연구하고 스승으로 삼아야 하는 것은 가장 첫 번째 준비과제입니다. 바쁜 세상에 무슨 부자를 연구까지 하면서 돈을 벌려고 아등바등하냐고 하지만 차라리 물 마시고 이 쑤시더라도 만족하면서 인생을 살겠다고 작정한 사람이 아니라면 부자 되기 습관을 가져야 하고 부자가 되려는 노력을 해야 하며 부자를 연구해야 합니다.

돈을 잘 버는 사람은 분명 남과 다른 방법과 기술을 터득하고 있기 십상입니다. 돈을 버는 일은 그리 녹녹한 과제가 아니기 때문입니다. 과일장수가 지나가는 길목을 지키고 서 있으면 껍데기라도 주워 먹을 수 있습니다.

어릴 적 경험한 일입니다. 부자 동네를 하루 종일 걸어 다녀 보아도 동전 하나 줍기가 어려운데 가난한 동네를 한 바퀴 돌다 보면 동전 하나 정도는 주워 올 수 있었습니다. 이것은 무엇을 의미할까? 부자는 그만큼 동전 하나도 소홀히 하지 않는다는 사실을 보여주는 대목입니다.

이 정도면 연구는 반은 성공입니다. 돈을 소중하게 여기는 것은 사람을 소중하게 여기는 것과 같이 유익을 가져다줍니다. 무엇보다 중요한 것은 성공이 운에 의해 결정되는 것이 아니라 오직 무한대 노력만이 성공을 가질 수 있다는 신념을 갖는 것입니다.

가진 것이 행복의 전부가 아님은 누구나 안다.
가진 게 없다는 것이 흉이 아니요,

흠이 아님도 알고는 있으나
가진 게 없음으로 해서
우는 날도 슬픈 날도 적지 않다.
돈은 삶을 굴러가게 하고
삶은 돈을 벗하지 않고는 살아낼 수 없다.

많은 사람들이 시도하지도 않고 그 자신 속에서 실패합니다. 시도했다고 해도 자신감을 상실한 상태에서 추진하는 일은 이미 반은 실패를 부르게 됩니다.

이미 기가 죽은 싸움개는 상대와 싸움 한번 해 보지 않고 꼬릴 내리고 맙니다. 자신감이 있고 없는 것의 결과는 희비가 극명하게 엇갈립니다.

자신감 상실은 삶을 중도에 포기하게 합니다. 전망한 일이 자신의 능력으로는 되지 않는다고 미리 포기하거나 아예 기획을 세우지 않는 것은 지혜롭지 않습니다. 시간이 지나서 자신감만 더 준비를 했어도 당시 포기한 일이 충분히 성공할 수 있는 일이었다는 것을 깨달을 때가 있습니다. 이런 경우는 수도 없이 많이 있습니다.

자신이 어렵다고 생각한 아이디어나 기획들이 다른 사람의 손을 거쳐서 성공하는 케이스를 볼 때 우리는 이러한 아쉬움을 느끼게 됩니다. 이것은 능력의 차이일 수 있으나 스스로 포기하는 사람들이 이런 아쉬움을 많이 토로하는 것을 볼 수 있습니다. 시도해 보지도 않고 중간에 포기하는 사람들이 적지 않습니다. 그들은 자신의 능력이 그 일을 능히 해낼 수 없다고 미리 판단한 것이니 딴에는 현명한 선택이었다고 위안을 삼아 나갑니다. 물론 모든 것을 다 잘 할 수는 없으니까 모든 일에 대해 자신감을 갖는 것은 위험한 일이 될 수 있습니다.

수영을 잘하는 사람이 어느 날 갑자기 에베레스트 산을 정복하겠다고 나선다면 이는 이치에 맞지 않습니다. 스포츠 선수들 중 뛰어난 기량을 가진 사람들은 모두 자신감을 가지고 있거나 스스로 자신감을 불어넣은 사람들입니다.

이미 싸움이 시작된 것이라면 나는 할 수 있다, 능히 이룰 수 있다는 각오를 다져야 합니다. 인간의 잠재력은 생각보다 무한합니다. 자신의 암시가 결과에 영향을 미칩니다.

할 수 없다고 생각하며 시작한 일은 반드시 결과가 좋지 않습니다. 인간의 역사는 더 큰 단계로 발전할 수 있었습니다. 그런데 왜 발전이 더디 가고 있는가? 그것은 해 보지도 않고 포기한 사람들로 세상이 넘쳐나고 있기 때문입니다.

자신감은 일종의 마술과 같습니다. 실패를 성공의 단계로 격상시키고 가능하지 않는 일도 가능하도록 만듭니다. 자신감이 우리에게 전해 주는 긍정적인 요소는 너무나도 많이 있습니다.

자신감의 암시는 자신에게 매일 걸어 주는 것이 좋습니다. 내가 타인에게 전해 주는 격려의 말이 커다란 성과를 가져오고 좀 더 잘 할 수 있도록 이끌어 주듯 자신에게 부여해 주는 자신감은 곧 성공의 동기부여로 다가서게 됩니다.

우리는 매일 자신에게 응원을 해 주어야 합니다. 잘 한다, 잘 할 수 있다, 잘 할 것이라고 하는 오직 자신이 스스로에게 전해 주는 자신감이 삶을 역동적으로 변화시키는 근간이 되기 때문입니다.

51

쓴맛을 즐겨라

사람들은 누구나 고통을 기피하려고 합니다. 편하고 즐겁고 행복한 것만을 좇아 살아갑니다. 쓰디쓴 소주는 마음껏 들이키면서 인생의 쓴맛은 멀리하려 합니다.

소주 한 잔이 목구멍에서 넘어갈 때 입안을 스치는 맛은 쓰지만 우리는 흥에 겨운 취기를 경험합니다. 무릉도원이 따로 없습니다. 그래서 술을 마시게 됩니다. 현실과 다른 생각과 긴장된 감정 속을 벗어나 잠시 비켜나도록 여유를 주기 때문입니다. 이 또한 기피의 정신입니다.

술이 주는 쓴맛의 아침은 그리 좋지가 않습니다. 남는 것이 없습니다. 있다면 약간의 위안이고 스트레스 해소일 뿐입니다. 그리고 쓰린 속입니다. 그럼에도 불구하고 우리는 쓴 소주를 연일 들이키며 살아가고 있습니다.

반대로 인생의 쓴 술잔을 마음껏 들이키는 사람은 흔치 않습니다. 인생은 고해의 바다입니다. 연일 즐거움을 전해 주는 흥겨운 잔치가 아닙니다. 그 고통을 알기에 되도록이면 아프지 않으려고 애를 쓰고 살아갑니다. 그렇습니다. 인생이 주는 쓴맛은 소주에 비할 바가 아닙니다. 한번 마시고 나면 삶이 휘청거리고 영혼이 타는 듯한 갈증을 느껴야 합니다. 한번 취하게 되면 영원히 깨어나지 않을 수도 있으며 천길 나락으로 떨어져 죽을 수도 있습니다.

그러나 삶이 아무리 삭신을 녹이는 아픔을 줄 만큼 쓰고 고달플지라도 우리는 인생의 술잔을 매일 매일 들이켜야 합니다. 오히려 피하면 독이 되는 것이 인생의 술입니다. 부딪히면 갈증은 해소되고 삶을 알게 하는 소득이 있습니다.

이것이 인생의 술잔입니다. 쓰고 맵고 아픔이 전해져도 인생의 술잔을 거부할 필요가 없습니다.

그 맛을 모르는 자
단맛 또한 알 수 없으리.
인생의 쓴맛이 없다면
커피 속의 그 깊고 진한 향과
감미로운 느낌 또한 알지 못하리.
또한 무슨 재미로 살랴.
항상 기쁜 일 좋은 일만 있다면
그 어떤 설렘과 흥미로 살리.
매사 비켜서지 않고
마주하고 사는 용기,
비록 그 괴로움 있으나
얻어지는 것 또한 있을 것이니

애써 편한 길 아닌
험한 산 또한 오르는 일
그 까닭 알고자 함 아닌가?

–나현정

독한 맛은 넘어갈 때만 쓰다.
가파른 절벽에서 피는 꽃이
들판의 야생화보다 아름다운 것은
살고자 하는 강인한 본능에 의해서다.
삶이라는 것도 이와 같이
험난한 여정을 거쳐 갈 때
그 향기는 깊고 그 열매 또한 달다.
쇠가 불 속에서 달구어지는 것은
스스로 강해지기 위해서다.
인간이 시련에 단련되면
위기와 시련에 굴복하지 않는
용기를 갖게 된다.
흐르는 시간은 보이지를 않으나
자국을 남긴다.
지나간 모든 시간 속에는
자신만의 체취가 묻어 있다.
보내 버린 시간은 그래서 귀하고
다가오는 시간은 그래서 엄중하다.
내가 하는 모든 일은 시간 속에서
지워지지 않는 화석이 된다.

52

기회는 나그네

일생을 살아가면서 세 번의 기회가 찾아온다고 합니다. 적어도 세 번 정도는 신분에 관계없이 성공할 수 있는 기회가 온다는 말이지요. 그러고 보면 하나님께서는 매우 공평한 분이십니다. 귀천을 논하시거나 배우고 못 배운 것을 논하지 않고 무조건 세 번은 기회를 주신다고 합니다.

물론 속담이려니 하다가도 자신이 전혀 예기치 않은 상황에서 커다란 기회를 갖게 되는 경우가 있습니다. 그야말로 눈감고 낚시하다가 대어를 잡는 형국입니다. 이러한 기회가 일생동안 세 번이나 온다고 하니 일이 잘 풀리지 않는다고 개탄할 필요가 없습니다.

세 번이면 적지 않은 기회입니다. 그런데 기회는 누구나에게 오지만 누구나 기회를 성공으로 이끌지는 못합니다. 평소 철저하게 준비한 자만이 기회를 받아들이고 성공으로 승화시킬 수 있기 때문입니다. 아무런 준비를 하지 않는 자는 자신에게 기회가 와도 그것이 기회인지 개똥인지 구분하지 못합니다.

많은 사람들이 여러 번 성공할 수 있는 기회를 놓쳤다는 말들을 즐겨합니다. 한눈팔다가 버스 보내 놓고 나서 차가 끊어졌다고 투덜대는 꼴과 다르지 않습니다. 바닥에 드러누워 감이 떨어지기를 기대하는 요행 쫓는 사람에게 기회가 올까요? 그렇지 않습니다. 기회는 머물지 않습니다. 유성처럼 다가왔다가 유성처럼 시야에서 사라집니다. 순간의 포착능력이 없이는 기회를 잡을 수 없습니다. 기회를 잡는데 영민한 사람들이 대개 성공합니다.

그들이 기회를 성공으로 승화시키는 것은 평소 성공하기 위한 준비와 기회를 받아들일 준비를 마쳤기 때문입니다. 깊은 바다 속에 있는 진주도 찾아내어 귀히 사용하는데 하물며 사람이 스스로를 연마하고 준비를 하면 찾아내어 귀히 사용하지 않겠습니까!

요즘 세상은 요행천국이 되었습니다. 노력은 하지 않고 기대면서 누리려는 사람들로 넘쳐나고 있는 것입니다. 치열하게 살려 하지 않고 노력 이상의 것을 바라는 사람들이 의외로 많습니다. 그리고 기회가 오기를 기다리고 있습니다.

미국의 신학자이며 사회학자인 토니 캄폴로 박사가 95세 이상인 사람 50명에게 만약 다시 한 번 삶의 기회가 주어진다면 어떻게 살기를 원하는지 물었습니다. 그들이 첫 번째로 꼽은 것은 "날마다 반성하는 삶". 아무런 되새김 없이 무심코 흘려보낸 자신의 시간들을 후회하는 것입니다. 지나온 하루를 돌아보며 자신을 반성하고 더 나은 내일을 계획하는 삶은 하루하루를 아름답고 가치 있게 만듭니다.

둘째는 "용기 있는 삶". 눈앞의 이익을 좇아 양심을 버리고 불의와

타협했던 자신이 얼마나 어리석은 선택을 한 것인지 깨닫게 된 것이지요. 진실을 말할 용기가 없어 외면하며 산 날들이 이제 뼈아픈 상처가 되어 돌아온 것입니다.

셋째는 "죽은 후에도 무언가 남는 삶". 자신들의 삶이 아무것도 남기지 못하고 지금까지 목표를 세우고 꿈을 꾸며 힘들게 달려왔지만 그게 다 물거품처럼 없어지고 마는 허망한 것들이었음을 깨닫게 된 것입니다. 다시 태어난다면 없어지지 않을 것들, 참된 가치들을 추구하며 살겠다는 대답에서 인간에게 정말 중요한 것이 무엇인지 짐작할 수 있습니다.

> "누구나 후회 없는 삶을 원합니다."
>
> – 사회학자인 토니 캄폴로 박사 –

이와 같이 기회는 언제 오는지도 모르게 다가왔다가 다시 사라지는 신기루와 같습니다. 그리고 한번 떠나면 기회는 우리 곁을 다시 찾지 않습니다. 지금부터라도 기회를 맞이하기 위한 치장을 서둘러 하지 않으면 안 될 것입니다. 왜냐하면 기회는 머물지 않고 언제나 그대 곁을 떠날 채비를 하고 있기 때문입니다.

기회는 매년 열매를 맺는 과일이 아니다.
우리 곁에 머물지 않고 흘러가는 시간처럼
기회라는 것은 우리 생애에 머무는 시간이 극히 짧다.
밤하늘을 수놓는 강렬한 섬광처럼
잠시 머물다가 이내 사라져 간다.
어떤 사람은 위기를 기회로 만들고

어떤 사람은 기회를 위기로 만든다.

그것은 기회를 바라보는 시각의 차이 때문이다.

같은 문제를 놓고도 기회를 위기라고 하는 사람이 있고

위기를 기회라고 하는 사람들이 있다.

기회는 열정과 신념을 가진 자에게 머문다.

53

사람은 왜 만나는가!

사람은 왜 만나는가. 그것은 내가 걸어온 세상이 아닌 다른 세상과 만나는 것이고 다른 사상과 만나는 길이기 때문입니다. 사람은 비즈니스의 원천입니다. 역사는 사람과 사람이 만나면서 이루어집니다. 사람을 만나지 않고 혼자 살아가는 사람이 역사에 남는 선각자가 되는 경우는 없습니다.

모든 것이 만나고 헤어지면서 역사의 활동성은 증대됩니다. 개인의 인생은 무수한 사람과의 교제를 통해 완성되는 것을 목격하게 됩니다. 그런데 사람을 만나면서 사람을 잃는 사람이 있고 사람을 머물도록 하는 사람이 있습니다. 또한 사람과 교제하는 것을 기피하는 사람도 있습니다. 인간에게 하나님이 주신 축복이 바로 사람과 교제하도록 허용한 것입니다.

사람은 많은 사람을 만나야 합니다. 때로는 상처를 남기는 독과 가시를 만날 수도 있으나 모든 만남은 그 자체가 이로운 일입니다.

사람을 만나는 것은 하나님이 주신 만찬입니다. 사람마다 자신의 성격과 관점이 맞지 않을 수도 있으나 입에 맞지 않는 음식도 소화시키면 몸에 좋은 것이듯 상황에 맞게 사람을 다루고 맞이하면 해로운 사람은 없어지게 됩니다.

만나는 사람마다 깊이 있는 관계를 설정할 수는 없겠으나 좋은 기억을 갖도록 하는 것이 무엇보다 중요한 일입니다. 정성을 들인 만큼 사람은 복으로 돌아옵니다. 세상의 모든 기회는 사실 사람이 만들어 주는 것입니다. 더 많은 사람들과 관계를 갖는 사람들이 더 많은 일을 하고 더 큰 성공을 할 수 있습니다.

사람은 단순히 기대는 것으로 벗하지 않는다.
각자의 운명에 깊숙이 개입한다.
많은 사람이 사람에 의해 실패하기도 하고
성공하기도 한다.
그만큼 사람은 소중하며 또한 무서운 존재이다.
그러므로 사람에게 쏟는 정성은
농부가 땅에 씨를 뿌리는 것 같이
열매를 가져다주지는 않으나
모든 사람에게 예를 다하고 소중히 여기는 것은
자신의 운명을 높이는 길이 된다.

54

무형의 자본

자본은 두 가지가 있습니다. 하나는 무형의 자본이고 다른 하나는 금전적인 자본입니다. 그렇다면 무형의 자본은 무엇인가! 자신의 경쟁력, 창의력, 추진력, 무엇이든 할 수 있다는 신념, 무한한 도전의식, 실패를 두려워하지 않는 굳센 의지가 바로 무형의 자본입니다.

저는 전자의 경우보다 후자의 자본을 진정한 자본이라고 생각하고 있습니다. 유형의 자본은 언제든지 없어질 수 있는 개연성을 가지고 있으나 무형의 자본은 내면 속에 구축되어 있는 견고한 성이기에 어떠한 위기가 닥쳐도 함락당하지 않습니다.

그것은 없어지는 것이 아니라 더욱 심화되고 원숙해지면서 긴 인생의 진정한 벗이 되어 줍니다. 아무리 많은 유형의 자본이 자신에게 주어져도 무형의 자본이 없는 사람에게는 멈추지 않고 흘러가는 물처럼 자신 곁에서 남아 있지 않게 됩니다.

벼락부자가 10년 못 가는 이유가 여기에 있습니다. 한순간에 로또 복권에 당첨된 사람들이 나중에는 처음보다 더 빈털터리가 되는 경우가 허다합니다. 오직 준비된 자만이 유형의 자본을 가질 자격이 있습니다. 만약 무형의 자본을 더욱 빛나도록 갈고 닦는다면 유형의 자본은 금세 고입니다.

요즘은 창의력의 시대입니다. 아이디어만 좋으면 유형의 자본은 언제든지 자신을 찾아옵니다. 자본의 흐름과 고이는 이치가 그러하기 때문입니다. 자본은 아이디어를 쫓아옵니다. 그래서 유형의 자본이 없다는 것에 너무 좌절하거나 실의에 빠질 필요가 없습니다. 그런 시간에 자신의 경쟁력을 신장시키고 빛나는 열정으로 자신을 연마하면 됩니다. 경쟁력이 있는 자신이야말로 진정한 자본입니다.

그것은 대대로 자신의 인생을 풍요롭게 이끌어 줍니다. 일을 하기 전 돈을 먼저 준비하는 데 시간을 보낼 것이 아니라 무형의 자본을 쌓는 일에 매진하는 것이 더욱 현명한 일입니다.

가진 것이 없는 것에 불안해 하는 사람은
가진 것이 많아도 불안해 한다.
가진 것이 없는 것에 담대한 사람은
가진 것보다 더 큰 것을 가지고 있는 것이 된다.
이런 사람들은 성공을 향한 일념과 창의력을
자본으로 삼는다.
쓰러져도 다시 일어서는 힘은
언제나 자신의 내면에 포진하고 있는 곧은 신념이다.

55

남이 하지 않는 일을 찾아 머릴 싸매라

요즘은 소위 벤치마킹의 시대가 되었습니다. 남이 하는 일이 특별하고 성공했다면 그런 실험적인 자세와 열정의 흔적을 닮아가는 것은 중요한 일임에 틀림없습니다. 그러나 창조의 시간도 짧은데 모방으로 날을 세우고 뒤쫓아 가려는 것은 발전적인 태도가 아닙니다.

최근 언론에서 지자체의 난개발을 지적한 적이 있습니다. 지방마다 특색 있는 관광 상품을 개발하여 지방자치의 관광자원화를 달성하겠다는 취지에서 출발한 것인데 스스로 창의적인 구상을 하지 않고 남이 하는 것을 뒤쫓다 보니 전 지역이 그야말로 난개발 천국이 되었습니다. 여기가 되면 저기서 따라하고 저기가 되면 여기서 따라하니 전 국토의 관광자원 개발이 특색 있지 않고 비슷비슷하게 구성된 것입니다.

사정이 이러하니 외국 관광객들이 한국에 오면 볼거리가 없다는 불만을 털어 놓지 않을 수가 없습니다. 가까운 중국을 모방의 천국이라고 손가락질할 필요가 없습니다. 그곳은 우리나라보다 더 창의적이고 우리나라는 개발모방 천국이기 때문입니다. 그것도 국민의 혈세를 마구 남용하여 전 국토를 엇비슷한 문화로 만들어 놓았습니다. 결국 스스로 고민하고 창의적으로 생산하지 않고 너무나도 쉽고 안일하게 남의 뒤를 쫓다가 아까운 혈세만 낭비하는 꼴이 된 것입니다. 지역의 관광자원 개발은 그 지역만의 특색으로 개발되어야 하는데 지금까지는 그러지 못했습니다.

개인의 삶도 그러합니다. 누군가가 된다면 그것을 쫓느라 밤을 세워가며 열을 냅니다. 앞선 사람의 설계와 방법을 쫓으면 떡고물이라도 떨어지는 것은 당연하지요. 그러나 언제까지나 남이 주는 음식으로 배를 채워 나갈 것이며 남이 하는 일을 모방하다가 시간을 보낼 터인가요? 남을 모방하는 자의 인생은 자신의 인생이 아닙니다.

내가 아니고 남이 내가 되는 인생은 진실로 값진 인생이 아닙니다. 나는 나이고 내가 되어야 합니다. 내가 내 자신이 되려면 남이 하지 않을 일을 찾아서 밤새 고민하고 머릴 싸매야 합니다.

그것은 자신의 인생과 가치를 드높이는 일이 됩니다. 대중을 이끄는 선각자는 누구나 될 수 있습니다. 그것은 남을 모방하기보다는 남이 하지 않을 일을 찾아내고 남이 시도하지 않는 삶의 관문을 힘차게 열어가려는 의지만 있으면 됩니다.

창조의 역사는 뜨겁고 그 영예는 길기만 합니다. 오직 자신만의 독창성을 가지고 세상을 열어갈 때 그의 삶은 빛나고 소중하게 됩니다.

처음부터 금광이 발견되는 것은 아니다.
수백 번 탐사하고 굴을 파다가
발견되는 것이 금광이다.
우리의 이성 속에서 가치가 있는 것을
찾아내는 일도 이와 같다.
수백 번의 시도, 수백 번의 실험 정신,
굴하지 않는 탐구를 향한 열정이
우리 자신 속에 존재하는 빛나는 가치를
찾아낼 수 있게 한다.

56

일과 싸우는 미련한 사람이 되라

공부하는 학생이 최선을 다해 공부를 하면 일등이 되고 사회인이 주어진 일에 최선을 다하면 또한 사회 속에서 일등이 됩니다. 물론 학교에서의 우등생이 반드시 사회의 우등생이 되는 것도 아니고 사회에 진출하여 열심히 일을 한 사람이 반드시 성공하는 것도 아닙니다. 그러나 예외적인 것 말고는 대다수 주어진 일에 미련스러울 만큼 최선을 다한 사람이 성공하는 것은 고금을 막론하고 만고의 진리입니다.

문화적인 삶의 질을 논하자면 일을 할 때 일을 하고 놀 때는 놀아야 하는 게 당연합니다. 삶은 개인이 설정한 목표나 가치관에 따라 그 만족도가 다르기 때문입니다. 그러나 적어도 성공하겠다는 목표를 정한 사람이나 성공에 목마른 사람은 자기에게 주어진 일과 싸우는 프로

정신이 있어야 합니다.

삶의 질을 구현해 가는 기준은 사람마다 차이가 있습니다. 적당히 일을 하고 적당히 문화적 향유를 누리면서 살아가는 것을 삶의 근본적인 행복 도달의 원칙으로 아는 사람들은 내가 말하듯이 피터지게 일을 하지 않아도 됩니다.

나무를 오르는 곰의 발톱을 보면 길고 날카롭습니다. 그것은 정상을 오르기 위해 발달된 것인데 수없이 오르는 일을 하지 않았다면 곰의 발톱은 그렇게 날카롭거나 강인하지 않을 것입니다.

사람이 정상에 오르는 것도 이와 같습니다. 정상에 오르는 것은 수없는 시도가 있어야 합니다. 뼈를 깎는 단련과 도전정신이 없이는 정상은 오를 수도 없고 정상에 오를 능력을 배양할 수도 없습니다. 성공에 오른 사람들은 일을 통해서 자기만족을 취했고 일을 통해서 휴식을 즐긴 사람입니다.

중소기업이 왜 대기업이 되기 어려울까요? 그들이 일하는 시간이 대기업보다 적기 때문입니다. 학교에서 일등하는 학생의 방 불빛은 일찍 꺼지지 않습니다. 그러나 공부를 하지 않는 아이들의 방 불은 일찍 꺼집니다. 기업도 일등 기업은 불야성처럼 밤을 새워 불을 밝히고 있습니다.

일등은 이렇게 남과 다른 열정과 부지런함을 가지고 일을 하고 공부를 합니다. 노동을 사랑하는 사람은 노동을 통해 행복을 찾기 때문에 시간을 놓고 불만을 털어 놓지 않습니다. 같은 일을 시간만 채우려는 사람들은 노동 자체가 자신을 가두는 족쇄로 여겨지기 때문에 자기개발에도 게으르고 노동에 대해서도 심한 거부감을 가지고 있습니다.

시간을 지키는 것은 노동의 가치 구현이 아닙니다. 노동의 가치 구현이란 자기에게 주어진 시간 외의 노동을 사랑하고 그 책무를 완수하기 위해 희생을 마다하지 않는 것입니다.

적당히 사는 사람이 성공한 예가 없고 성공할 수도 없습니다. 적어도 성공이라는 면류관을 쓰고 큰소리로 세상을 열어 가려고 한다면 고만고만한 삶의 자세에서 벗어나야 합니다. 이제 갈수록 노동 시장은 어른들로 넘쳐날 것입니다. 직장에서 일한 시간이 얼마 남지 않았습니다. 마치 학생이 일정 기간을 마치면 학업할 수 없는 것 같은 상황이 직장 내에서도 벌어질 것입니다.

그렇다면 오늘 각자에게 일을 할 수 있는 시간은 그리 많지 않습니다. 때문에 주어진 그 시간과 환경 속에서 최선을 다하지 않으면 안 됩니다. 노동의 최대 가치 구현은 일을 사랑하는 데 있습니다. 주어진 시간을 채우려는 노동은 오히려 힘이 빠지게 하고 나중에는 일을 기피하게 합니다.

직장을 다니면서도 자기 직업에 만족하지 않는 사람이 60% 이상이라는 통계 결과가 있습니다. 자신이 전공한 분야에서 일을 하는 사람들도 예외는 아니라고 합니다. 여기저기 기웃거리면서 쉽게 자주 이직을 하는 철새 직장인들이 넘쳐나고 있다고 합니다. 노동의 가치구현에 실패한 사람들이 그만큼 많다는 것을 뜻합니다.

일을 사랑하는 사람들이 그만큼 적다는 것으로 판단할 수 있습니다. 자기 자신이 만족하지 않고 일을 하는데 진정한 노동의 생산성이 증대될 리 없습니다. 아마도 많은 기업이 제대로 일을 하지 않는 인력에게 대가를 지불하고 있을 것이 분명합니다.

시간을 채우는 노동은 그야말로 행복한 노동이 아닙니다. 그것은 개인에게도 발전을 가져오지 않고 회사에게도 발전을 가져다주지 않습니다.

기업의 생산성은 일을 사랑하는 사람들이 넘쳐날 때 최고치에 달할 수 있습니다. 현장 근로자는 주어진 시간에 따라 생산성을 맞추어 낼 수 있지만 정신적인 노동을 하는 사람들은 일을 사랑하지 않으면 생산성을 증대시킬 수 없습니다. 신나게 일을 사랑하지 않는데 회사에 유익을 가져다줄 리 없습니다. 급속히 성장하는 회사를 보면 모두가 한결같이 사장처럼 일을 하는 것을 볼 수 있습니다. 그들은 직장을 자기 것으로 귀히 여기는 사람들로 구성되어 있습니다.

사실 기업은 어느 개인의 것이 아닙니다. 그곳에서 일을 하는 모든 구성원의 것입니다. 사유화되어 있을 뿐 서로 협력해서 돈을 벌고 나누어 가져가기 때문입니다. 노동에 있어 자신이 다니고 있는 회사에 대해 주인 의식을 갖는다는 것은 매우 중요한 일입니다. 그런 직원이 많을수록 회사는 건재하고 성장이 보장됩니다.

회사와 나를 분리해서 생각하는 순간 나의 노동생산성은 오직 주어진 시간에 맞추어지게 되고 자신은 유능한 인재가 되지 못합니다. 시간만 채우려는 사람이 자기가 일하고 있는 직장의 만족도가 높을 리가 없습니다. 그런 사람은 어디 가서 일을 하더라도 불만족스럽게 일을 할 것이고 회사는 그만큼의 손실을 입어야 할 것입니다.

회사를 자기 것으로 알고 지내는 사람은 시간을 아끼고 되도록 자신이 가지고 있는 모든 역량을 끄집어내어 회사에 던져 줍니다. 그리고 그런 사람은 머지않아 사장이 됩니다. 회사에서 초고속으로 승진하면서 나중에는 대표가 되는 사람은 회사를 자기 것으로 알고 사장처럼 일을 한 사람입니다.

노동 환경은 갈수록 변하고 있습니다. 너무나도 많은 분야의 기업이 새롭게 생겨나고 있으며 철새 직장인들은 선택의 폭이 넓어지니 결코 나쁜 일은 아닙니다. 그런데 중요하게 알아야 할 것은 세상에 어떠한 직장에 들어가서 일을 하더라도 회사를 사랑하는 마음 없이 일을 하거나 사장처럼 일을 하지 않는다면 직업을 통한 자아 완성과 행복은 절대 만족을 제공해 주지 않는다는 것입니다.

일을 찾아 나서기 전
자기만족을 먼저 생각하는 사람은
무슨 일을 하더라도 만족하지 못할 뿐 아니라
진출한 분야에서 최고가 될 수 없다.
노동은 선택의 가치보다
더 우월한 신성함을 가지고 있다.
주어진 환경에서 최선을 다하는 것만이
그 일이 자신의 목표가 되고
성공의 지표가 되는 것이다.

결코 일과 싸우는 사람이 미련한 사람이 아니라 미래를 안전하게 예비하고 성공으로 도달하는 가장 지혜로운 사람이라는 것을 깨우칠 때가 곧 다가올 것입니다.

작은 촛불은 방안의 어둠을 걷어 낼 수 있어
세상의 어둠을 몰아내지는 못한다.
촛불을 들고 캄캄한 거릴 나서는 사람은 없다.
그래서 횃불을 들고 거릴 나선다.
세상을 열어 가는 것도 이와 같다.
자신의 노력이 적은 사람은 세상을 열어 가지 못한다.
반대로 노력이 큰 사람은 마치 횃불을 들고
어둠을 열어 가는 것처럼
쉽게 세상의 고난을 헤쳐 나갈 수 있다.

57

막힌 길도 뚫으면 길이다

우리 앞에는 무수한 길이 놓이게 됩니다. 넘지 못할 산과 깊은 강물은 우리에게 위기라는 이름으로 다가옵니다. 우리 각자는 많은 시련 앞에서 좌절을 경험하게 됩니다. 고개를 들어서 올려다보면 까마득하여 감히 뛰어 넘지 못할 것 같은 절망과 아픔을 대하면서 인생의 노를 저어 갑니다. 생애를 살아가면서 이러한 고통과 위기를 많이 겪는 사람도 있고 적게 겪는 사람도 있을 수 있으나 인생은 위기와의 대적이고 싸움입니다.

결론적으로 말하면 삶은 문제와의 처절한 사투입니다. 슬기로운 사람은 위기 앞에서 당당하게 살아가지만 많은 사람들이 위기를 만나면 그만 풀이 죽고 그대로 치고 나가지 않고 돌아서 가게 됩니다. 되도록 위기와 싸우려 하지 않고 피하게 되는 것입니다. 그러한 위기는 마음속에 상처로 남고 때로는 우리가 전혀 예상하지 않은 방향 속으로 우리 자신을 몰고 들어가 인생의 쓰디쓴 맛을 알게 합니다.

격동하듯이 휘몰아치는 인생의 변화는 우리의 삶이 결코 녹녹하지 않다는 사실을 뼈저리게 느끼게 합니다. 인간은 그렇게 허약하고 나약한 존재인 것이 사실입니다.

막힌 길은 돌아서 가는 게 인지상정입니다. 불도저를 가지고 막힌 길을 뚫어서 가고자 하는 사람은 그리 많지 않습니다. 용기만 가지고 부딪쳐 가기에 삶은 보다 높은 단계의 지혜로 경험과 경륜을 요구하고 있습니다.

많은 사람들이 막힌 길을 돌아가고 있고 높은 시련 앞에서 굴복하고 있습니다. 그 벽을 넘어서면 곧바로 갈 수 있는 길이 생기는데도 단지 막혔다는 사실에 순응하고 길을 열어 가는 데 망설이고 있는 것입니다. 우리가 뛰어넘어야 할 인생의 성문은 그만큼 견고하고 높습니다.

그런데 삶이 우리에게 진정으로 요구하는 것은 용기입니다. 그냥 알아서 열어 주는 인생의 성문은 없습니다. 피하지 않고 다가서는 자에게 길은 열리게 되어 있습니다.

본래 우리에게 준비된 길은 없습니다. 길은 우리 자신이 만들어 가는 것입니다. 막힌 길을 뚫어버리면 그것이 곧 길이 됩니다. 위기를 뛰어넘지 않고 돌아가다 보면 작은 위기 앞에서도 언제나 돌아서 갈 수밖에 없습니다. 굴복하는 삶은 참패를 당하게 됩니다.

그리고 이런 사람에게 길은 막힐 수밖에 없습니다. 빙빙 돌다가 목적지에 도달도 하지 못하고 새로운 길을 찾아내지도 못한 채 생을 마감해야 합니다.

이 무료하고 싱거운 인생 살기는 존재적인 비애를 느끼게 합니다. 삶은 도전의 광장입니다. 그 영역은 높고 광활하며 언제든지 자신과의 전투가 가능합니다. 두드리지 않는데 문을 열어주지 않으며 열려고 노력하지 않는데 스스로 열어서 받아 주지 않습니다.

이 교훈은 매우 냉혹한 현실의 논리입니다. 도전하고 두드리는 자가 더 많은 길을 찾고 더 멀리 나아갑니다. 위기 앞에서 굴복하는 사람들은 모두 인생의 깊이까지 도달하지 못하고 생을 마감합니다.

돌아서 가면 다시 길이 있을 것 같지만 위기의 벽은 다시 길을 막아서게 됩니다. 이것이 삶의 실상입니다. 이러한 진정성과 실상을 모르고 살아가거나 외면한다면 자신이 가야 할 길은 없습니다.

넘어짐이 지름길을 찾는 묘약이 되고
방향성의 교훈이 된다.
부딪침이 길을 여는 열쇠가 되고
새 희망을 찾는 에너지가 된다.
도전하지 않으면 언제나 길은 열리지 않는다.
위기로부터 공격을 받고 막혀 있다면
좌절하거나 중도에 포기할 필요가 없다.
언제나 그 너머에 길이 있기 때문이다.

58

정복되지 않는 성공은 없다

설계하는 모든 꿈은 반드시 이루어집니다. 이미 우리 마음속에는 꿈의 크기를 조절하는 장치를 가지고 있습니다. 지금까지 자신이 가지고 있는 가능성을 실천하는 의지의 기능이 나약해져 있어서 큰 꿈을 꾸려고 하지 않을 뿐입니다. 이루지 못할 꿈이라는 경계선은 많은 사람들을 몽상가로 몰아가는 편견이 되고 있습니다.

꿈은 구체적이건 구체적이지 않건 그 자체로 진보적인 생명력을 가지고 있습니다. 심리적으로 안 된다고 하는 이상 꿈은 정복되지 않습니다. 꿈은 그 자체로 도약입니다.

안된다고 하는 꿈은 평범한 사람들의 생각입니다. 왜냐하면 그들은 이미 많은 경계선을 만들어 놓고 이루기 힘든 꿈을 꾸지도 않았고 시도하지도 않으면서 살아왔기 때문입니다.

그들에게는 이루지 못할 꿈이 존재하는 것이 당연합니다. 사람은 그 능력에 맞게 꿈을 설계하며 대다수의 꿈을 이루지 못할 허상이요 망상이라고 주저 없이 말하고 있습니다. 자신들이 이루지 못한다고 결론지은 꿈을 실현해 가는 사람들의 발목까지 붙잡아 내리려고 합니다.

망상적인 꿈은 존재하지 않습니다. 실천에 옮기지 않는 모든 꿈이 망상이지 실천에 돌입하는 이상은 망상이 아닙니다.

우리가 꾸는 꿈은 그래서 가치가 있습니다. 이것은 되고 이것은 안된다고 하는 결론은 우리 자신 속에 존재하는 어둡고 부정적인 그늘입니다. 누구나 이러한 마녀에게 붙잡히는 경험을 하게 됩니다. 마녀는 곧 부정적인 생각입니다. 패장의 생각입니다. 패장은 꿈을 꾸지 않습니다. 왜냐하면 이기려는 욕망과 의지를 이미 포기한 상태이기 때문입니다.

그런 그들에게서는 꿈을 배척하고 놀리는 추태를 보게 됩니다. 자신에게 내리는 판단 또한 안된다는 생각들로 가득 들어차 있습니다. 사람들은 이미 자신 속에서 많은 실패를 하면서 살아가고 있습니다. 그 속에는 능히 거뜬히 할 수 있는 일들이 마음속의 결단에 의해 사장되고 생명력을 꽃피우지 못하고 죽어가고 있는 것입니다. 얼마나 안타까운 일인지 모릅니다.

새로운 일을 시도하는 사람들은 그 당시에는 많은 사람들로부터 찬사를 받지 않습니다. 찬사는커녕 몽상가나 망상가로 치부되기 십상입니다. 그럼에도 불구하고 그들은 꿈을 꾸고 길을 나서고 있습니다. 자신이 선택해서 가는 순간은 어느 누구의 말도 귀담아 듣지 않습니다. 오직 자신만이 스스로 결단하고 세운 계획에 따라 달려가는 것입니다.

이러한 투혼은 대중이 전하는 혐오스러운 멸시를 더 받는 동기가 되어 주지만 결국은 이루게 됩니다. 그래서 세상에 빛을 나누고 전해 줍니다. 대중은 그때 비로소 자신의 판단이 잘못되었다는 사실을 알게 되고 뒤늦게나마 업적을 기리게 됩니다.

세상에는 이루지 못하거나 불가능한 꿈이었다고 생각한 제품과 실력들로 넘쳐나고 있음에도 우리는 꿈을 꾸기를 망설이고 있습니다. 꿈의 정복자는 얼마든지 있으며 우리 자신도 꿈을 지배하는 위대한 정복자가 될 수 있습니다. 마음속으로부터 실패하고 마음속으로부터 패자가 되는 일들을 반복하지 않는다면 말입니다.

불가능한 일은 없다.
시도해 보지 않은 일을
불가능하다고 말해서도, 결론을 내려서도 안된다.
미리 예단하고 중도에 포기하거나
지레 겁을 집어먹고
넘보지 않는 모든 영역이 그러하다.
자신이 불가능하다고 하는 일을
다른 사람은 쉽게 도달하는 것을 본다.
가능하다고 생각하는 사람은 가능토록 이끌고
불가능하다고 생각하는 사람은
불가능하도록 만들어 놓는다.
생각이 중요한 이유이다.

59

살아 있다는 것이 기회이다

살아 있다는 사실은 그 자체로서 기회를 거머쥔 것과 다르지 않습니다. 기회라는 것이 반드시 좋은 조건이 갖추어진 것은 아닙니다. 주어진 것이 아무것도 없이 허허벌판의 메마른 들풀이라고 해도 살아 있다는 그 자체가 기회이고 희망이기 때문입니다. 높은 지위에 있건 낮은 지위에 있건 가진 것이 있건 없건 살아 있다는 모든 사실보다 소중하지 않습니다.

존재한다는 것은 이토록 위대한 잔치이며, 영화로운 발견입니다. 그 휘황찬란한 생명력은 무엇과도 바꿀 수 없는 가치를 지니고 있습니다. 등이 휠 만큼 노동에 지친 사람들은 나의 의견이 너무 추상적이라고 말할 수도 있을 것입니다.

그러나 이것은 엄숙한 명제이고 삶의 기본입니다. 추상적이 아니라 아주 현실적인 삶의 외경이며 긍정의 산출입니다.

생명은 모든 것보다 우월합니다. 삶과 죽음의 경계선에서 나는 어느 위치에서 무엇을 바라보고 있는 것인가! 돌이켜 보면 더 많이 가지고 있고 누리고 있느냐의 문제에 앞서 단지 살아 있다는 사실만이 중요하게 느껴집니다.

이러한 느낌은 생명의 존엄성과 소중함의 가치를 확인케 하는 긍정의 독백입니다. 죽음은 모든 활동의 정지를 뜻합니다. 내가 없으면 세상도 없습니다.

살아 있다는 사실은 이토록 위대한 탐구이고 자기 존재의 발견입니다. 이러한 사실에서부터 삶은 시작됩니다. 따라서 아무것도 없는 무일푼의 인생일지라도 우리는 살아가야 하는 당위성과 존엄성을 발견하게 됩니다.

이것은 축복이며 기회입니다. 준비된 조건이 아니고 부족한 가운데서도 우리는 충분히 희망을 갖고 지낼 수 있는 동기를 갖고 있습니다. 이런 상황에서 우리는 조금 덜 가진 것에 대해 분노하고 실의를 느끼는 일을 자주 합니다. 아무것도 없다는 절망감에 빠져 지내며 그 자신의 최대 가치인 생명의 존엄성을 버리고 자살을 하거나 현실 도피의 인생을 살기도 합니다. 살아 있다는 것이 고뇌요 고통의 만찬일 뿐 그 이상의 의미를 이끌어 내지 못합니다. 삶이 불완전하고 만족스럽지 않은 상태로 점점 굳어져 가지 않을 수 없는 일입니다.

생명은 가장 커다란 자산입니다. 이러한 주제로부터 시작된 삶은 특별한 용기와 도전의식을 안겨 줍니다. 지금의 삶은 갖기 위한 전쟁에 다름없습니다. 그러기에 많은 것을 획득하지 못한 사람들은 가진 부피만큼 행복하다고 느끼고 반대로 불행하다고 느끼게 됩니다. 여기서부터 인간의 갈등은 증폭되기 시작합니다.

좌절을 맛보는 사람들은 준비된 조건에서부터 삶의 시작을 단행하려 합니다. 아무것도 없으면 아무 일도 하지 않으려 합니다. 비록 아무것도 없을지라도 내가 살아 있다는 이 한 가지의 사실만으로도 우리는 충분히 행복할 수 있는데도 말입니다.

그것이 선이고 행복의 기준이 되어야 삶은 진정성을 획득하게 됩니다. 그때 비로소 인간의 삶은 자유롭고 넘치는 기운을 내면으로부터 전해 받을 수 있습니다.

제목 : 살아 있다는 것만으로도 행복한 것이다

살아 있는 것을 지긋지긋하게 생각하지 말라.

병원마다 살아 있는 것만으로도 감사하는 사람들이 많다.

가진 것이 없다고 불행해 하지 말라.

가진 것 때문에 고통 받는 사람들이 있다.

나에게 노래가 있고, 꿈이 있고, 품은 사랑이 있으면 많이 가진 자다.

남이 나를 알아주지 않는다고 불행해 하지 말라.

내가 나에 대해서 부끄러움이 없으면 족한 것이다.

거기다가 하나님이 알아주시면 행복한 사람이다.

나이가 들어 황혼의 때를 만났다고 허무해 하거나 불행해 하지 말라.

지나온 세월 남긴 것이 있고, 자랑거리가 있고, 후회할 것이 적다면 행복한 사람이다. 철부지 젊은이보다 낫고 젊은 몸 가지고 남기는 것 없는 삶을 사는 사람보다 훨씬 낫다.

나는 늙었고 이제 아무 할 일이 없다고 불행해 하지 말라. 그만큼 일했으면 만족해도 된다. 지금도 젊은 몸 가지고 일하지 못하는 사람들이 많다. 그래도 일하고 싶으면 일을 찾아 나서라. 특히 남을 섬기는 일을 하라. 그리하면 내가 여전히 존재함을 느끼므로 기쁠 것이다.

나는 사랑을 받지 못하는 사람이라고 불행해 하지 말라. 내가 나를 사랑함으로 스스로 위로를 받으라. 그리고 사랑을 주는 사람이 더 행복한 사람이다. 남을 사랑함으로 더 행복한 사람이 되라.

행복을 알고 깨달은 사람은 부를 노래만 있어도 행복해 하고 가지고 있는 꿈만 바라보아도 행복해 하고 베풀 조그만 사랑만 있어도 행복해 하고 세상이 아름답다고 느끼는 것만으로도 행복해 하고 슬픔도 인생의 유익을 주는 것이라고 생각하고 행복해 하고 이웃이 있다는 것만으로도 행복해 하고 그리워하는 사람이 있다는 것만으로도 행복해 하고 살아 있다는 것만으로도 행복해 한다.

사람들은 행복을 찾아 열심히 헤맨다. 그러나 행복은 사실 우리에게 가장 가까이 있는 것이다. 우리가 생각과 마음을 조금만 바꾸면 그 행복이 보이고, 느껴지고, 찾아지게 된다.

– 영인 심재승 –

남겨진 시간이 우리에게 희망이다.
존재하고 있는 순간이야말로
놀라운 영예이고 거룩한 자취이다.
살아 있다는 사실은 기회이고 도전이다.
보내 버린 시간에 연연하고 한탄하면
남겨진 시간이 짧고,
남겨진 시간만을 바라보고 기획을 세우면
그 시간의 영역은 매우 길게 느껴지는 법이다.
언제나 주어진 시간 속에서
무엇을 하며 무엇을 할 수 있느냐가 중요하다.
그러므로 생의 한 순간조차
우리에게 기회가 되는 것이다.

무한 속도

21세기는 속도 전쟁의 시대입니다. 빛보다 빠른 이성적 생산성이 미래사회를 주도하고 리드하는 주인이 되고 있습니다. 현대의 시간은 과거의 시간보다 빠르게 지나갑니다. 그만큼 변화의 속도가 빠르다는 얘기입니다. 산업 문명이 발달해 갈수록 속도는 더욱 빨라질 수밖에 없습니다. 우리에게 주어진 시간은 많이 없습니다.

문명은 우리가 무엇을 해야 하고 어떻게 일을 해야 하는지 학습할 시간의 여유를 주지 않습니다. 오직 발 빠른 대처능력을 배양하는 것만이 살아남는 길입니다.

실패한 사람들을 보면 매우 느리게 일을 처리합니다. 속도 내는 것을 두려워하고 변화를 기피합니다. 그러나 속도에서 지면 모든 것에서 지게 됩니다.

누가 먼저 도달하느냐가 성공의 잣대가 됩니다. 이러한 기준은 앞으로도 계속해서 이어져 갈 것입니다. 빠르게 가려면 빠르게 판단하고 예측할 수 있어야 합니다.

지금의 속도 문명은 누가 먼저 도달하느냐가 관건입니다. 이미 도달해 있는 곳에 도달하는 것은 신화가 아닙니다. 신화는 아무도 도달하지 않은 길을 열고 도달하는 것입니다.

내가 도달하지 않으면 누군가 먼저 도달합니다. 이것이 속도 문명의 냉엄한 현실입니다. 나는 열심히 달려간다고 하지만 달려가는 것이 아니라 멈추어 서 있는 것일 수 있습니다.

나는 부지런히 일을 하지만 일손을 놓고 아무것도 하지 않은 것일 수도 있습니다. 가장 먼저 새벽을 맞이했다고 생각하지만 자신보다 부지런한 사람이 이미 깨워 놓은 새벽일 수 있습니다.

나는 성공했다고 하지만 나의 위치가 인생의 꼴등일 수도 있습니다. 달리고 달려서 도달한 지점이 남이 이미 점령하고 떠난 빈자리일 수 있습니다. 내가 최고라고 자부한 선택이 가장 미련한 선택일 수 있습니다.

나와 경쟁하는 사람들은 수십억 명입니다. 그런데 무한 속도를 내지 않는다면 나는 더 이상 승자의 위치에 다가설 수 없습니다.

빨리 달려가는 자는
신중하게 천천히 걸어가는 사람보다
넘어지는 횟수가 적지 않다.
그러나
남보다 넘어지는 것이 많을지라도

목표를 향해 빨리 달려가는 사람은
다른 사람보다 빨리 도달하는
영예를 갖게 된다.
지금은 속도 전쟁의 시대이다.
치밀한 사고가 요구되는 시대가 아니라
신속한 판단과 실천이 필요한 시대인 것이다.

61

생각의 전환

생각은 인생의 지도를 그리는 붓과 같습니다. 그래서 매 순간 자신이 어떤 생각을 하느냐는 매우 중요합니다. 깊이 성찰하지 못하는 것은 머리가 좋고 나쁘고의 차이보다는 다각적으로 분석하고 깊이 돌아보는 습관의 차이에 가깝습니다. 무슨 일을 진행하거나 판단을 할 때 한 번 생각하고 내린 결론보다는 두 번 생각하고 내린 결론이 실수가 적다는 것은 누구나 잘 아는 사실입니다. 인생을 진중하게 깊이 생각하며 살아가야 하는 이유입니다.

지금 내가 무슨 일에 대해 내린 결론과 판단들은 하나도 빠지거나 지워지지 않고 내 인생의 지도가 됩니다. 그러므로 생각을 정돈하고 바꾸는 것은 매우 중요한 일입니다.

지금 내가 내린 판단이 성공의 지도일 수 있고 실패의 지도일 수도 있다는 것을 생각하면 몹시 두렵고 진지하게 성찰하는 습관을 버릴 수가 없게 됩니다.

즐겨 걷던 길을 약간 벗어나 걸을 때 새로운 풍경과 마주하게 되는 즐거움을 선물로 받게 됩니다. 어제와 다른 길에는 무화과나무나 열매가 없을 것으로 생각하고 약간의 두려움도 뒤따르지만 엉뚱한 선택과 상상이 제공하는 길이 진정 우리가 그토록 찾아 나서던 자신이 가야 할 진정한 길일 수도 있습니다. 새로운 길이나 시도는 이렇게 흥분되고 예기치 않은 행운을 가져다줍니다.

창의적인 사고는 대안을 창출하게 합니다. 보다 나은 단계의 방법과 기술을 깨우치게 합니다. 소수의 창의적인 사람들이 세상을 주도하는 지금입니다.

창의력은 세상을 살아가는 지혜로운 병법과 같습니다. 문제 해법을 찾아내는 열쇠 또한 창의력입니다. 이전과는 다른 사고, 남이 생각하지 않는 발상의 전환이 인생의 길을 빠르게 가게 하는 자원입니다.

세상의 승자는 창의력을 가진 사람입니다. 조직 내에서 빠르게 승진하는 사람은 모두가 한결같이 창의적으로 생각하는 사람입니다. 세상은 대안에 목말라 하고 있습니다. 남이 생각하지 않는 기발한 착상을 요구하고 있습니다.

세상을 바꾸는 주인이 되고 싶거나 인생을 돌아서 가지 않으려면 지금 이 순간부터 생각의 환경을 바꾸고 기존의 방식에서 완전하게 탈피해야 합니다. 나는 어떠한 생각의 기준을 가지고 있는지 돌아보고 그렇고 그런 생각으로 하루를 살아가고 있다면 역발상의 열차에 몸을 싣고 무한 자유의 상상 여행을 즐겨 할 필요가 있습니다.

62

예측의 노예가 되지 말자

우리는 자신의 운명을 예측하거나 닥친 일이 어떻게 결말이 날 것인가 예측하는 일을 즐겨 합니다. 예측은 경험에서 우러나오는 비과학적인 것이면서도 과학적인 요소가 많기 때문입니다. 인생을 많이 살다 보면 누구나 족집게 도사는 아니 되어도 그 비슷한 신기는 가지게 됩니다.

예측은 통계의 수치를 합산한 직관입니다. 어느 정도의 예측은 인생을 슬기롭게 살아가도록 안내자가 되어 줍니다. 사업을 하는 사람들이 가장 많이 사용하는 것이 예측입니다. 직관이 뛰어난 사람이 사업을 잘한다는 말은 통설입니다.

오너는 예측하고 통계를 내리는 사람입니다. 소위 사업을 동물적인 감각으로 하는 사람들이 많은데 예측이 가져다주는 정확성 때문입니다. 투자를 하거나 시장을 내다보는 안목을 모두 감에 매달리는 사람들이 적지 않은 이유입니다. 하는 일마다 족집게 도사가 부럽지 않을 만큼 정확하게 맞춰서 승승장구하는 사람들이 많은 게 사실입니다. 그러다 보니 자신도 모르게 예측의 노예가 되어 비과학적인 상태로 전락하고 마는 잘못을 저지르기 쉽습니다.

인생은 참으로 변화무쌍한 바람과 같습니다. 언제 어느 때 위기가 자신의 운명을 집어삼키게 될지 모르는 법입니다. 그러기에 예측은 한편으로 위험한 사고의 활동이 되는 경우가 있습니다. 감으로 승부한 사람도 많지만 감이 틀려서 실패한 사람도 적지 않습니다. 경험은 매우 과학적인 유산입니다. 그러나 세상은 너무 많은 대처 요령을 우리 각자에게 요구하고 있습니다.

세계 경기가 그러합니다. 빠르게 변하는 문명은 우리가 선택하는 환경과 기회를 주기보다는 원하지 않는 환경과 세계로 몰아넣고 있습니다. 예기치 못하게 닥친 불행과 마주하며 살아가야 하는 가슴 아픈 현실에서 절망하는 사람들이 한둘이 아닙니다.

예측을 즐겨 하는 사람들은 대다수가 자신을 능력을 과신합니다. 산업 사회 이전에는 이러한 감이 좋은 결과로 다가서게 했습니다. 그러나 지금은 모든 것이 과학적인 데이터에 의해 돌아가고 있습니다. 합리적으로 판단해야 할 문제에 직면할 때 우리가 먼저 추구하고 신봉해야 하는 것은 과학적인 사고입니다.

합리적인 선택은 성공을 키우고 실패를 감소시키는 제어 능력을 제공합니다. 오늘날 우리의 예측은 대부분 빗나가고 있습니다. 그만큼 역사는 하루아침에 변하고 있습니다.

자신의 예감을 중시하는 것도 중요하지만 제대로 일을 하기 위해서는 쉽게 예측의 노예가 되어서는 안 됩니다.

미래는 준비하는 자의 몫이다.
그것은 철저한 산술을 요구한다.
변화에 대처하지 못하는 것은
속단의 노예가 되고 있기 때문이다.
단순한 예측은 위기를 만나는 신호가 된다.
다가오는 미래는 과학적인 사고를 요구한다.

63

도전하는 자의 몫은 크다

현실에 안주하는 사람에게는 삶이 제공해 주는 결과의 부피가 매우 작습니다. 많은 사람들이 일정한 틀에서 공부를 마치고 직장에 들어가서 퇴직까지 고만고만하게 살다가 일생을 마감할 노후 준비를 합니다. 여기까지가 우리네 보통 사람들의 삶의 모습이고 스토리입니다. 많이 배우지 못하고 현장 노동자로 살아가는 사람들도 있으나 정신적인 노동을 많이 하는 사람들은 그나마 사회적 활동을 많이 하는 부류에 속합니다.

노동의 가치는 그가 선택한 방향성에서 최선을 다했을 때 보람도 가져다주고 행운도 따르게 됩니다. 직장에서 일생을 바치는 것을 뭐라고 하는 것이 아니라 모험이나 도전도 없이 관행화된 사고를 가지고 직장 생활을 하는 사람들을 두고 하는 말입니다.

현실에 안주한다는 말은 현실 내에서의 활동성이 없는 삶을 말합니다. 어떤 직장에 들어가서 일생을 마치는 것은 결코 보람이 없는 일은 아닙니다. 한쪽 분야에서 전문가가 되는 일은 개인의 삶의 안정성을 확보하는 한다는 점에서 보람 있고 사회적 생산성을 놓고 볼 때도 매우 가치 있는 일입니다. 산업화의 기본 정신은 전문가 양성입니다.

그런데 사람들은 직장 내에서 할 수 있는 도전의 신화를 터부시하는 경향이 있습니다. 다니던 직장을 버리고 제2창업을 선언하는 것만 도전이라고 보는 것입니다.

새로운 가치와 선택만이 신화의 길로 들어서는 것은 아닙니다. 진정한 도전은 직장 내에서 시작됩니다. 자신이 맡은 업무를 가장 효율적으로 소화하고, 생산성을 높이며, 조직의 경쟁력을 강화시켜 나가는 데 헌신하고, 창의적으로 일을 하는 것도 자기 창조와 신화가 되는 것입니다.

반드시 높은 직위에 오르지 않아도 됩니다. 맡은 일을 자기 것으로 알고 시도하는 자는 반드시 그 분야에서 달인이 되거나 최고의 자리에 등극합니다.

많은 사람들이 직장을 버리고 새로운 길에 쏟아져 나오고 있습니다. 그런 무수한 사람들의 새로운 선택이 제대로 성공할 리 없습니다. 영광을 얻는 사람이 있는 반면 더 추락하는 사람들도 있습니다.

어떤 길을 가는 것이 현명한 것인가는 결과가 말해 줄 터이지만 어떤 쪽으로든 도전하는 자에게 돌아오는 몫은 큽니다. 사회적 영광도 그러하고 위치도 그러합니다.

사회로부터 인정도 받고 포상을 많이 받기 위해서는 자기 개발을 하는 데 게을리 하면 안 됩니다. 직장을 통해서 자아의 완성을 달성한 사람들은 주어진 시간 속에서 최선을 다한 사람이고 그 너머에 있는 세상과 영역을 상대로 무엇인가를 시도하고 도전하는 사람들입니다.

이들에게는 제2의 창업도 무난하게 성공하는 삶을 살아갑니다. 그러나 직장 내에서 신화를 달성하지 못하는 사람은 결코 제2의 창업에 성공하기 쉽지가 않습니다.

그래서 주어진 그 시간과 맡은 일 속에서 신화를 창조하는 자세가 중요합니다. 무슨 일을 하건 자신의 것으로 알고 주인처럼 일을 한 사람들은 업종을 바꾸어 다른 일을 하거나 사업을 해도 비교적 잘합니다. 그래서 신화는 다른 곳에 있지 않고 바로 지금 이 순간이 도전과 신화의 시작인 것입니다.

흔적

흐르는 시간은 보이지 않으나
자국을 남긴다.
지나간 모든 시간 속에는
자신만의 체취가 묻어 있다.
보내 버린 시간은 그래서 귀하고
다가오는 시간은 그래서 엄중하다.
내가 하는 모든 일은 시간 속에서
지워지지 않는 화석이 된다.

- 조건반사

인간이 추구하는 행복이 외부의 조건에 있다고 하는 모든 말은 위선이다. 인간마다 행복을 구하는 방향과 기술은 모두 다르다. 보편성을 이루고 있는 현대의 행복의 가치는 물질이라는 조건에 의해 성립되어 있다. 그러나 우리 인간의 행복은 물질이 있고 없음에 조건 반사하지 않는다. 하더라도 전부가 아닌 일부일 뿐이다. 행복은 외부보다 내면의 가치관에 더 많이 영향을 받는다.

2004년 2월

- 이미 누리고 있는 행복에 대해

우리가 그토록 찾아 헤매는 행복은 이미 누리고 있거나 누려 온 것인지도 모른다. 어떤 이유에서건 우리 각자는 우리가 도달한 행복의 가치를 쉽게 잃어버린다.

행복과의 결별을 서두르는 망각이 시작되는 순간 이미 행복의 단계에 도달해 있으면서 그 사실을 밀쳐 내고 불행의 여행을 즐기는 것이다. 현재 주어진 단계에서 만족하지 않는 한 행복은 자신으로부터 멀리 도피를 하게 된다. 아무리 행복하려고 해도 행복은 내게 머물지 않는다.

따라서 오늘을 살아가는 우리는 우리 자신이 미처 느끼지 못할 뿐 행복의 시간 여행 속에 놓여 있는지 모른다.

우리의 현재는 먼 과거에서 그토록 행복할 것이라고 기원하던 미래이다. 그러므로 우리의 현재는 행복하다고 느끼기에 적당한 조건인 것이다.

2005년 3월

– 별과 별

인간은 누구나 하늘에 떠 있는 별을 따올 수는 없지만 가슴속에 심을 수는 있다. 그것은 희망이라는 별이다. 마음속의 희망이 운명의 등대 역할을 하게 된다.

희망을 심는 일은 자신의 운명을 밝게 비추는 일이다.

그 자리에서 죽고 싶도록 절망적인 상황에서 과연 죽는 것이 우리가 선택해야 할 최선의 방법인가 고민하는 순간 가만히 우리 자신의 내부에서 울려오는 진동을 들어 보면 죽기보다는 살고자 하는 희망이 꿈틀거리고 있음을 알게 된다. 그것은 힘든 외부의 조건을 헤치며 다시 한 번 살고 싶어하는 조건반사 본능이다. 죽고 싶을 때 포기하고 싶은 의지도 강하지만 위기를 헤치고 싶은 용기가 생기는 것이다.

그것은 우리 자신도 모르게 점화되고 있는 희망이라는 별이다. 어떠한 환경과 실패가 동기가 되어 쓰러지는 상황이 도래하였을 때 희망이라는 별이 저절로 떠오르는 것을 느낀다.

그런데 누구나 다 그런 것은 아니다. 위기가 왔을 때 어떻게 해서든 벗어나야겠다는 생각을 갖기보다는 위기의 광폭한 마수에 빠져 삶의 의욕을 상실하는 사람이 얼마든지 있다.

있는 게 없어서 추하고 별 볼 일 없는 사람도 많이 있지만 가슴속에 희망을 잃어버린 사람만큼 별 볼 일 없는 사람도 없다. 희망은 존재의 향기이다. 살아가는 것과 살아가는 명분을 가지고 있는 모든 생명체들이 가지고 있어야 할 존재의 동력인 것이다. 이는 별보다 가치가 있고 빛이 아름다운 별이다.

마음속에 별이 존재하는 사람들은 삶의 향기가 깊다. 생기는 넘치고 얼굴에는 기름기가 반질거린다. 마음속에 희망의 별이 떠 있는 사람은 매사 긍정적이고 생산적이다. 희망은 이토록 인간의 삶을 변화시키고 보다 나은 조건으로 이끄는 힘이 되어 줄 뿐 아니라 절망 속에서 벗어날 수 있는 활로를 찾아 준다. 희망과 동행하는 사람은 가는 길이 어둡지 않다. 그 자신이 희망이기 때문이다.

희망이 사라지는 세상인 것 같다. 모두가 희망을 논하기보다는 절망을 말하고 희망을 갖기보다는 절망을 갖는다. 어느 쪽이 가치가 있는가는 잘 알고 있을 테지만 최종적으로 우리가 선택하는 것은 희망이 아니다. 체념과 하소연이 득세하고 안 된다는 비관과 전망이 주술처럼 번져 가는 세상임을 나는 느끼고 있다.

미래의 전망이 불안하고 불투명한 확신과 부정적인 동기로 가득 찬 사람이 의외로 많다. 희망을 내부의 조건이 아닌 외부의 조건에서 찾기 때문이 아닐까 짐작하게 된다. 그러나 자신 스스로 희망인 사람은 인생이 희망적으로 변화한다. 환경이 인간을 지배한다고 하지만 그를 지배하는 것은 사실 그 자신 속에 있는 희망이다.

희망을 심는 데는 별도의 노력과 수고가 따르지 않는다. 무엇이든 잘 될 거라는 생각, 무엇이든 잘 할 거라는 생각이 모여 희망이라는 별이 된다. 아주 단순하다. 그럼에도 우리의 인생이 덜 희망적인 것은 우리 자신이 희망이 되기를 포기하기 때문이다.

2002년 5월

– 불확실성의 자원

예측하기 힘들다고 미래를 두려워할 필요는 없다.

미래는 불투명하므로 가치가 있기 때문이다. 우리가 살고 있는 이 시간 여행은 불확실성 속에 놓여 있다.

우리가 찾고자 하는 희망은 이미 다가선 시간이 아니라 앞으로 다가올 시간을 예측하는 가운데 이루어진다.

그런데 미래는 항시 예측불허의 상황으로 우리 자신을 이끌어 간다. 그러기 때문에 우리는 가 보지 않은 미래의 시간에 대해 불안한 마음을 갖게 된다.

2005년 4월 18일

– 기회

삶이 죽음보다 못하다고 느끼는 바로 그 순간이 운명을 좀 더 희망적인 상태로 바꿀 수 있는 절호의 기회이다. 극한 상황에 직면했을 때 삶은 견디기 힘든 무게로 운명을 짓누른다. 살아 있다는 사실이 또 하나의 고뇌가 되는 시간은 종종 찾아온다. 우리의 인생은 이토록 고달프다.

하지만 마지막까지 삶을 사랑하는 한 죽음보다 못하다고 느끼는 그 순간은 절망해야 할 시간이 아니라 보다 값지고 지속적인 새로운 삶의 지평을 열어 가야 할 기회가 된다.

2003년 11월 14일

– 행복 전도사는 바로 자신이다

행복에 대한 조언을 구하는 일에 시간을 낭비하지 말라.

행복의 기준은 각자 다르기 때문이다. 살아가는 방법과 생각이 차이가 나듯 행복을 설정하고 추구하는 방법도 모두 다르다. 물질로 행복의 수단을 삼고 자선을 통해 행복을 삼아 나가는 사람이 있는 반면에 가상세계에서 상상을 즐기며 행복을 느끼는 사람도 있다. 자신이 하는 일에 열중함으로써 행복을 느끼는 사람이 있다. 남에게 베푸는 것을 행복으로 삼아 나가는 사람이 있고, 남에게 받기만 하는 것으로 행복을 삼아 나가는 사람이 있다. 이렇듯 내게는 불행의 조건이 남에게는 행복의 조건이 되는 경우는 얼마든지 있다. 그렇기 때문에 어느 누구도 자신의 행복을 설정해 주지 못한다. 인간이라면 누구나 반드시 도달하고자 하는 행복, 그 꿈은 우리 자신의 설정에 의해 보장이 된다.

우리는 종종 타인을 통해 자신의 행복 가치와 설계를 정하려고 한다. 그만큼 우리 자신은 행복에 대해 생소하며 기준이 모호한 세계에서 살아가고 있다.

행복은 환경의 산물이라기보다는 자신이 생각하는 행복의 가치관에 의해 결정된다. 스스로 행복하다고 생각하며 사는 사람들도 어떻게 하면 자기가 더 많이 행복할 수 있냐고 조언을 구하게 된다. 그것은 내 안의 욕망이 더 큰 단계로 진입하기를 바라기 때문이기도 하지만 그보다는 자기 자신이 행복한가에 대해 의문을 가지고 있어서이다. 앞의 상대가 자신보다는 행복할 것이라고 하는 믿음이 인간의 마음속에 존재하기 때문에 타인에게 조언을 구하게 되는 것이다. 반면 자기 자신이 행복한가에 대한 지식은 매우 무지하다. 상대적으로 남의 불행은 작아 보이고, 남의 행복은 커 보이는 게 인지상정이다. 따져 보면 보통 고약한 심보가 아닌데 이게 인간이 가지고 있는 불완전한 특성이다. 인간이 행복해지기가 어려운 것은 바로 이러한 심보 때문이다. 남의 불행을 크게 보는 인정 넘치는 마음, 자기의 행복을 크게 볼 줄 아는 넉넉하고 자족적인 여유만 가지고 살아간다면 우리 자신의 행복을 남에게 구하는 일은 하지 않아도 될 것이다. 나를 행복하도록 이끄는 전도자는 바로 자신이다.

2004년 11월 겨울

– 추락의 이유

정상에 도달한 사람들이 추락을 하는 것은 정상에서 안주하기 때문이다. 무엇이든 이루어진 다음에는 이루어진 것이 아니라 또 다른 과정 속에 놓여 있게 된다.

이미 도달한 이상 또 다른 고지를 향해 발을 내딛어야 한다. 그래야 도달한 정상에서 머무는 시간이 길다.

2003년 7월 12일

– 성공이 요구하는 가치

진정한 성공에는 강렬한 냄새가 발생한다. 그것은 노력이 쏟아 내는 땀 냄새이다. 땀을 흡수하지 않은 성공은 없다. 당당한 승자의 이면에는 모두 고귀한 땀 냄새가 난다.

열정이 녹아 땀이 되고 반드시 이루고야 말겠다는 신념이 녹아 땀이 된다. 끊임없는 탐구정신, 중단하지 않는 실행력이 녹아 땀이 된다.

빛나는 성공은 모두 그러하다. 그리고 영광의 시간은 길다. 사람들은 현재의 조건 속에서 남들보다 더 높은 곳이나 더 많은 것을 가지게 된 것을 성공이라고 생각하고 있다.

그래서 성공하기까지 동원하는 수단과 방법에 대해 도덕적인 기준을 이탈하거나 아예 그러한 양심을 갖지 않게 된다. 과정의 가치보다 성공이라는 결과의 가치를 높게 생각하기 때문에 일어나는 현상이다.

결과보다 살아가는 과정을 성공이라고 생각한다면 우리 사회는 좀 덜 메마를 것이 분명하지만 이미 욕망의 노예가 되어 버린 인간에게 과정을 중요시하라는 말은 관심 밖으로 밀려날 수밖에 없다.

그러기에 이 땅에서 성공한 사람 중 과정을 중히 여기면서 떳떳하게 빛나는 성공의 면류관을 쓴 이는 그리 많지 않다.

따지고 보면 참 많은 사람들이 과정을 생각하지 않는다. '성공만 하면 된다.'라는 극단적인 논리에 빠져 있다. 이런 사람들이 어느 순간 성공의 자리에서 한 순간에 추락하는 것을 많이 보게 된다. 과정을 중요시 여기지 않은 사람들일 경우가 대부분이다.

성공에도 격이 있다. 어떻게 성공했느냐 하는 기준은 매우 중요하다. 과정을 중요시 여기지 않은 사람의 성공은 초라하다. 빛은 바래고 그 빛마저도 오래가지 않는다. 반대로 과정을 중시하는 사람들의 성공은 참 멋이 있다. 그리고 빛이 나며 그 빛은 영원하다. 어떻게든 성공만 하면 장땡이라고 생각하는 것이 성공의 정석이라면 그렇게 성공한 사람들이 한 순간에 추락하지 말아야 하는데 날아가는 새똥 떨어지듯이 굴러 떨어지는 것을 많이 보게 된다.

2004년 3월

– 벗을 생각하며

벗은 처음 사귐에 신중해야 나중에 흔들림이 없게 된다. 손을 내민다고 다 벗이 되는 것은 아니지만 그래도 한번 맺은 벗은 미래의 운명을 설정하는 동기가 되어 준다. 벗은 인생의 방향이 되고, 살아가는 데 필요한 안내자와 같은 역할을 하게 된다. 더 나아가 성격의 축을 이루고 사회성의 기초적인 인격을 이루는 데 영향을 미친다. 한번 맺어 놓으면 최소한 인생의 반은 동반자가 되어 주는 것이다.

집 마당에 한번 뿌리 내린 나무를 베기 쉽지 않듯 한번 맺은 벗은 자신의 인생에서 지워 내기가 쉽지 않다. 그러므로 벗을 사귐에 신중하지 않으면 안 된다. 모든 인연은 한번뿐인 소중한 운명과의 교우이다. 한번 맺은 인연이 오래도록 순수하게 지속되기 위해서는 맨 처음 사귐에 신중해야 한다. 쉽게 사귀다가는 오늘 좋은 인연이 내일은 고뇌와 슬픔의 동기가 되어 버린다. 처음 시작은 모두가 좋은 결과와 관계를 목표로 이어간다. 하지만 과정에서 애당초의 계획은 변질되고 예상하지 못한 번뇌를 겪게 된다. 따져 보면 인간의 관계성에서 발생하는 갈등만큼 삶을 힘들게 하는 것이지만 미운 사람과 함께 동거하거나 같은 공간에서 생활한다는 것은 지상의 큰 지옥이다.

자기가 원하는 사람을 만날 수는 없지만 조금은 반경을 벗어나서 생각해 보다 악수도 하고 인연을 맺어 보는 것이 훗날 후회하지 않고 좀 더 편안하고 근심을 줄이는 길이 된다. 우리 각자는 상호간의 정보가 차단되어 있다.

예전에야 누구네 숟가락이 몇 개고 누가 부부 싸움을 몇 번 하며, 싸우는 과정에서 사발이 몇 개나 깨졌는지 알았지만 지금은 턱도 없는 소리이다. 이제는 옆집에 누가 사는지 언제 이사를 왔는지 전혀 알 길이 없다. 기껏 죽어나가야 '누가 살았구나.' 알 정도이다.

정보화 시대를 살아가는 사람들이 동시에 겪는 어쩔 수 없는 관계 소통의 메마른 풍경이면서 불행이기도 하지만 안타깝기 그지없다. 많은 사람과 관계를 가지면서도 우리는 실지 그 상대에 대해 잘 모른다. 무슨 생각을 가지고 어떻게 살아가고 있는지 잘 모른다.

서로 상대를 모르고 살아갈 수밖에 없으니 인연 속에서 야기되는 고통과 아픔은 이만저만 큰 것이 아니다. 알려고 해도 웬만해서는 알지 못하는 비밀의 성 같은 상태에서 인연이 시작된다. 그런데 다행스럽게도 상대의 숟가락이 몇 개인지는 모르지만 그가 어떠한 인품을 가지고 있는지는 오랫동안 사귀거나 관찰을 해 보면 금세 알 수 있다.

가는 숲도 살펴 가면 가시에 찔리지 않는 것 같이 사람도 살펴 사귀면 반드시 관계의 실패를 줄여 나갈 수가 있다.

우리 인간은 성품에 따라 인생관을 가지고 있기 때문에 잘 알 수 있다. 인간관계의 성공은 인생의 성공을 가져오듯이 인간관계의 실패는 인생의 실패를 부른다. 대충 이런저런 사람 만나서 관리를 잘 하는 것도 중요하지만 그보다는 좋은 사람을 만나는 게 중요하다.

그래서 벗은 사귐에 급하면 절대 안 된다. 모르고 먹은 풀잎이 약이 되는 경우는 극히 드물다.

2003년 6월

- 초가 보여주는 삶의 지혜

하얀 초가 자기를 태우는 것은 어둠과의 싸움에서 승리하기 위해서이다. 너무 관념적이고 추상적인 말 같지만 하얀 초는 초대로 운명을 가지고 있다. 태워서 사위를 밝히고 밝힌 빛으로 주변에 포진해 있는 생명과 사물들이 빛을 찾아 자기에게 부여된 일과를 완수하도록 배려하고 지도해 준다.

초의 운명은 빛의 창출이고 어둠을 몰아내는 사투이기도 하다. 그러면서 그 자신도 어둠 속에 갇히지 않기 위해 노력한다. 자기 몸을 희생해서 자기를 지키는 것이다. 나는 이러한 초의 운명을 보면서 인간의 운명과 깊은 연관성을 찾아내게 된다.

인간의 삶은 하얀 초와 같이 자기의 희생이 밑거름이 되었을 때 정돈이 되고 성숙해지는 것을 보게 된다. 성공을 이룬 사람들의 이면을 보면 모두 치열하게 살아왔고 자기 자신의 혼과 열정을 바쳐 희생하는 사람이다. 자기를 녹인 흔적이 쌓이고 땀이 쌓여 성공의 별에 도달하게 된다.

사투하고 희생하지 않고는 삶이라는 적군과 싸워 이겨 승리할 수가 없다. 몸을 태우고 열정을 태우고 자기를 녹이는 작업이 쌓여 삶을 관통하는 혼이 되고 자기가 속한 세계를 변화시킬 수 있다.

인간은 모두 어둠과 싸우는 초와 같은 운명에 속해 있다. 우리 인간은 열정과 노력으로 자신을 태운다는 사실이 초와 다를 뿐이다. 자기를 태우는 것은 혁명적인 결행이다. 버림으로써 얻어지는 것과 희생으로 얻어지는 것은 그 과정이 같은 맥락이다.

우리가 마주하게 되는 결과의 이면에는 갖가지 희생이 녹아 있다. 초가 얻는 것이 어둠으로부터의 탈출이듯 치열한 삶이 얻는 것은 위기로부터의 탈출이고 값진 성공이다. 자신을 던진 자는 많이 도달하게 한다. 인간의 열정은 숙명도 비켜가게 한다.

그밖에도 초와 인간의 삶은 닮은 점이 많다. 자기를 녹이면서 자기 존재의 시간은 단축이 된다. 인간의 삶도 이와 같아서 자신의 흔적이 많이 날수록 우리에게 남겨진 시간은 그만큼 줄어든다.

2003. 9. 5

- 자신감의 효능

무슨 일이든 할 수 있다는 자신감을 가질 때 성공은 격상된다. 자신감은 우리가 할 수 없다고 결론 내린 일에 대해 용기를 내어 도전하게 한다. 우리 주변에는 능력이 미치지 못해서 일을 그만두기보다는 내부의 자신감을 상실하여 안 된다는 심리적 작용에 영향을 받아 중도에 포기하는 사람이 의외로 많다. 시작도 하기 전에 안 된다는 전망을 내어 놓는다. 사람이 하는 일은 능력 밖의 일과 능력 안의 일이 따로 구분되어 있더라도 그 차이는 그리 크지 않다.

내 경우에 능히 도달할 수 있는 일을 자신감 상실로 인해 포기했던 기억은 그리 많지 않지만 시도해 보지 않고 중도 포기하는 사람을 보면 안타까운 생각이 든다.

자신감은 우리 내면에 있는 잠재력을 발굴하고 최대한 활용하도록 이끌어 준다. 실제로 할 수 없을 것이라고 결론 내린 일도 자신감을 가지고 부딪쳐 보면 거뜬히 해 내게 된다.

자신감이 결여되는 것은 미래에 대한 불투명성 때문이기도 하지만 그와 같은 이유보다는 스스로 심지가 강하지 않기 때문이며 미래를 투시하는 능력이 모자라기 때문이기도 하다.

자신감은 자기혁명의 도화선이다. 이루고자 하는 사람은 먼저 자신감을 가지고 있어야 한다. 시도하기 전에 풀이 죽어 있기보다는 먼저 시도하고 문제를 해결해 가는 능동적인 자세가 더 큰 세계를 열어갈 수 있는 기회를 제공하는 것이다.

자신감은 모든 가능성의 영역을 확대시켜 놓고, 불안전한 위기를 극복하며 실현 불가능한 일을 가능의 영역으로 재편시켜 놓는 능력이 있다. 그리고 성공의 부피는 반드시 커지게 되어 있다. 이것이 자신감의 효능이다. 내부의 확신이 외부의 확신을 부르게 된다. 일이 성사되기 전에 두려워하고 기피한다면 목적하는 곳에 도달할 수 없다. 정상에 오른 사람들의 공통점이 있다. 그들은 모두 마지막까지 희망을 저버리지 않았고, 자신감을 상실하지 않았다. 자신감은 인생의 밧줄과도 같다. 놓는 자가 추락하고 잡는 자는 오를 수 있다.

2004. 1. 18

- 노력을 먹는 성공

안일과 나태는 성공에게 전하는 가장 큰 모욕이다.

성공은 노력을 요구한다. 노력이 바쳐지지 않으면 성공은 다가오지 않는다. 안일과 태만으로 일관된 삶을 사는 사람들이 성공하려고 기웃거리는 것을 보게 된다.

이것은 명백한 자기기만이다. 그리고 성공의 가치를 비웃는 일이 된다. 성공은 존엄한 자기개혁의 성과물이다.

2004. 6

- 고통이 주는 소득

고통을 두려워할 필요는 없다. 그 시간은 길지 않고 지나고 나면 아주 오래도록 곁을 지키는 스승이 되어 준다. 그리고 모든 고통은 반드시 기쁨으로 부화를 하게 된다. 고통은 기쁨을 깊이 느끼게 해 주는 최면과 같아, 오랜 시간 고통에 덴 영혼은 미래가 행복하다. 그 시간을 지나 행복하지 않은 사람은 없다. 그리고 고통 속에서 해방되지 않은 사람도 없다. 고통은 우리의 목적에 포함되기보다는 과정 속에 존재하는 참 성장의 양식과 같다.

고통은 위대한 잔디와 같다. 인간의 위대함은 고통의 길을 걸어갈 때 발견되기 때문이다.

2004년 5월 6일

- 슬픔을 이기는 방법

슬픔을 나눌 자가 없거든 차라리 벗 삼아 지내자. 그 순간 슬픔은 나를 위로해 주는 벗이 되어 준다. 슬픔이 슬픔으로 존재하지 않고 슬픔이 하나의 동반자요 위로의 벗이 되어 준다. 철저하게 외롭고 처절하게 혼자일 때 가장 먼저 내게 다가오는 것은 슬픔이며 가장 오래도록 함께해 주는 것도 슬픔이다. 슬픔은 내가 슬퍼하지 않을 때까지 곁을 지켜 준다.

우리 자신이 또 다른 기쁨과 희망을 선택하면 슬픔은 비로소 그 자릴 내주고 내게서 떠나간다. 만약 우리 자신이 희망을 선택하지 않을 때 슬픔은 그 자리를 지켜주며 위로한다. 정말 미치도록 힘든 날과 마주할 때는 슬픔이 내게 위안을 줄 때가 있다. 그대로 주저앉아 슬퍼하고 울고 나면 위로가 된다. 그것은 슬픔이 전해 주는 다정다감한 슬픔 탈출 비상구이다.

죽겠다고 하다가도 많이 슬퍼하고 나면 왠지 가슴속이 비워진 것 같고 홀가분한 생각이 든다. 슬픔이 나를 깊이 위로하고 어루만져 주기 때문에 오는 현상이다. 슬퍼할 때 슬퍼하지 않으면 슬픔은 안으로 억제되어 가슴 깊이 상처를 남긴다.

나는 슬픔을 이겨낼 때 오히려 더 많이 슬퍼한다. 슬픔이라는 기운이 전신을 삽시간에 휘감아 오도록 호흡을 가라앉히고 가슴을 활짝 열어 놓는다. 그렇게 슬픔으로 달구어진 나는 더 이상 슬퍼하지 않아도 되는 순간과 마주하게 되고 일상으로 돌아갈 수 있다.

그대 또한 나와 같이 슬픔으로 위로를 삼은 적이 있는가. 삶의 대양 어느 곳에도 그대가 기댈 만한 상대가 없을 때가 있었던가. 아마 있었을 것이다. 그래서 슬픔으로 위로를 삼은 적이 있었을 것이다.

슬픔을 이겨 내는 방법은 실컷 슬퍼하는 일이다. 굳이 당당해 하고 일부러 호기를 부릴 필요가 없다. 나는 괜찮다고 호언할 필요도 없다. 슬퍼한 만큼 슬픔은 내 안에서 지워진다. 많이 슬퍼한 사람은 성숙하고 안정된다.

눈물로 상처를 치유한 사람은 영혼이 한결 가벼워지는 것을 느낀다. 그리고 추후 슬픈 일이 다가와도 오래도록 슬퍼하지 않는다. 슬픔이 길러 준 면역 때문이다.

이렇듯 슬픔 또한 인생에 필요한 위로의 한 가지이다. 슬픔은 슬퍼할 때 용해가 된다. 만약 슬픈 일이 있거든 미루어 놓지 마라. 그냥 이겨 낸다고 녹는 것이 아니다. 잠시 슬픔으로부터 멀어진 것일 뿐 그 감정은 어느 날 갑자기 우리가 잊었다고 생각한 시점에서 봇물 터지듯

터져 나온다.

슬플 때는 슬퍼해야 한다. 그래야 슬픔은 내면에서 수그러든다. 나는 오늘도 내가 처한 현실 속에서 지난 세월 속에 묻어 있는 그릇된 삶의 흔적을 바라보며 왜 참되게 살지 못하였나 참 많이 슬퍼한다. 내가 이토록 많이 슬퍼하는 이유는 적어도 이 같은 문제가 미래 어느 날에 다가왔을 때 슬퍼하지 않기 위함이며 후회 없는 인생을 살기 위함이다.

오늘 많이 슬퍼한 만큼 미래의 내게는 슬픔이 덜할 것이며 설령 살아가는 동안 또다시 슬픔이 조수처럼 밀려오더라도 나는 담대하게 맞이할 수가 있을 것이다.

왜냐하면 아주 많이 슬퍼했으므로…….

2003. 12. 11

64

정치 상황과 안철수 교수님을 바로 보며

최근 불거지고 있는 박근혜 새누리당의 유력한 대선후보와 안철수 교수의 대선 출마 자격 비교는 비교로 끝나야 하는 가상의 시나리오에 불과합니다. 이것을 현실 정치와 대치시켜 사실화하는 것에 필자는 반대합니다.

엄연히 두 사람은 살아온 생애가 다릅니다. 두 분 모두 국민들로부터 나라를 짊어질 지도자로 부상하고 있다는 점에서는 동격의 위치를 가질 수 있을지 모릅니다.

그런 사실에 비춘다면 누가 누구를 상대로 비교하는 일이 상식을 벗어나는 일로 폄하되어서는 안 될 것입니다.

그러나 안철수 교수는 학자로서, 기업가로서, 연구가로서 사회 정화나 문화의 가치 발전에 기여해 왔습니다. 기업의 투명성을 강조하고, 경영윤리 기반의 사회적 분위기를 조성하는 데 공헌한 것은 그분의 업적이기도 합니다. 정보기술의 발달로 인해 야기되는 피해를 남보다 일찍 깨우쳐 준 것은 모두 그의 앞선 예지가 돋보이는 대목입니다.

아마 이와 같은 신선한 흔적이 나라를 책임져도 된다는 후한 점수를 주고 젊은이와 다수의 국민들이 안철수 교수를 향해 연일 사랑의 화살을 날리게 하는 동기가 되었는지 모릅니다.

하지만 정치가 사회문화 개혁을 독점하는 시대가 아니라는 점에서 학자인 그분을 정치무대로 불러들여 기성정치를 뛰어넘는 대안의 주체로 삼으려는 작금의 현상은 바람직하지 않다고 생각합니다.

이미 그분은 분업화된 사회의 통합 구도 안에서 자신의 책무를 다하고 있습니다. 그분은 그 자체로 애국자요 선지자며 우리 사회에 필요한 순수한 공여자입니다. 만약 안철수 교수님이 정보 분야를 떠나지 않고 혼신을 다해 더욱 학문을 연구하고 개발한다면 우리의 정보 분야는 더한층 발전할 것입니다. 그의 업적으로 인해 많은 국민들은 여러 가지 혜택을 받게 됩니다. 이것이 사회발전의 원동력이 되고 선진화의 초석이 됩니다.

그런데 안철수 교수님은 학문의 자리도 아니고 그렇다고 정치의 자리도 아닌 어중간한 위치에서 온통 국민을 상대로 정치적인 게임에 빠져 있습니다.

역사의 기여는 자신에게 주어진 영역 안에서 책무를 완수하는 것으로 아름다운 것입니다. 그런데 한 사람의 대중스타가 정치 발전을 단숨에 달성할 수 있다는 기대는 어불성설입니다. 그러한 기대와 희망을 주입시키는 행위도 정당성이 확보되지 않습니다. 시계 톱니가 맞물려 돌아가듯이 사회는 각자의 역할에 의해 맞물려 돌아갑니다.

정보 분야는 안철수 교수님이 잘하는 분야입니다. 그분은 정보 관리 안전성의 세계화에 일익을 담당해야 적합한 사람입니다.

학문의 일등이 정치의 일등일 수는 없습니다. 기성 정치에 환멸을 느낀 세대들이 뭔가 다른 색깔을 가진 사람이 뛰어 나와서 구리고, 병들고, 어두운 정치판을 속 시원하게 개혁하기를 바라는 마음이야 누가 뭐라 하겠습니까마는 애당초 정치란 기업에게 요구하는 투명한 윤리가 실현될 수 없는 한계성이 있습니다.

기업은 오너 한 사람의 역량에 의해 발전과 퇴보, 개혁이 가능합니다. 일당 독재의 권한이 주어진 것이 기업이기 때문입니다. 그러나 정치는 이와 반대의 환경을 가지고 있습니다. 균형 잡힌 합의의 단계를 벗어나서 정치는 할 수 없습니다.

학문에도 단계가 있습니다. 정치는 말할 것도 없습니다. 여기서 간과해서는 안 되는 것이 있습니다. 학문의 분야와 기업의 분야에서는 안철수 교수보다 더욱 훌륭한 사람이 얼마든지 있다는 사실입니다.

그분이 국민들로부터 상대적인 반사 이익을 얻은 것은 국민들에게 외면당하는 정치인과 비교되고 있기 때문입니다. 그분이 신선한 것은 바로 이러한 이유 때문입니다.

반대로 박근혜 후보는 그 많은 정치인 중에서 가장 돋보이는 기사회생의 정치적인 역량을 가졌습니다. 곧은 신념과 국정 운영의 흔들리지 않는 철학을 가졌으며 여성의 몸으로 남성 우월주의가 지배하는 정치판에서 가장 영향력 있는 사람이 되었습니다. 사면초가에 있는 당을 두 번이나 살려 내었고 총선에서 두 번 승리를 이끌어 내었습니다.

박근혜 후보는 언제나 승리했고 정치적인 역학 관계 속에서 쓰러지지 않고 살아났습니다. 단순한 운이라고 결론 내릴 수 없는 탁월한 자기관리와 위기탈출 해법의 뛰어난 역량이 아니고서는 달성할 수 없는 일입니다. 박근혜 후보가 정치권에서 대안후보로 오래도록 존재하는 유일한 이유입니다. 안철수 교수와 박근혜 후보의 비교가 당찮은 일이 될 수밖에 없는 이유가 여기 있습니다.

씨름도 할 줄 모르는 사람을 모래판에 밀어 넣는다고 그가 천하장사가 되는 것은 아닙니다. 민주주의가 꽃피지 않은 군사정권 시대에는 일당 독재의 전횡으로 모든 것을 단행할 수 있었습니다. 그러나 지금은 모든 국민이 정치인이고, 모든 국민이 현실 정치 참여를 하는 시대에 와 있습니다. 스타 한 사람에게 역사를 바꿀 희망을 거는 도박은 말 그대로 도박일 뿐입니다.

정치는 그 자체가 권모술수를 요구합니다. 정치인이 이합집산을 거듭하는 것도 우리가 보기에는 역겨워 보이지만 정치의 역학 구도에 들어서면 방귀 안 뀌는 사람 없습니다.

지역을 대표하는 사람들이 모여서 하는 게 소위 정치인데, 전체 국민이 찬성하는 일을 해 낼 수 없습니다. 정책은 어느 쪽에서는 선이고, 어느 한쪽에는 선이 악이 됩니다. 그렇다면 안철수 교수가 대선에 나와서 대통령이 됐다고 할 때, 과연 모든 국민이 만족하는 반대 없는 정치를 할 수 있고, 그러한 대안을 마련할 수 있다고 생각하시는지요.

반찬 그릇에 반찬을 담고, 커피 잔에는 커피를 담아야 합니다. 기름통에는 기름을 부어야지 기름통에 물을 담으면 안 됩니다.

안철수 교수는 학문의 전당에 남아 있어야 합니다. 현실정치에 나와서 할 일보다 그쪽에서 해야 할 일이 더욱 많으며 의미 있는 일입니다.

집안에 자식이 많은 사람이 있습니다. 딸 셋에 아들 셋입니다. 한 배 안에서 나왔으니 생각이나 품행이나 부모에게 요구하는 것이 고만고만하면 될 터인데 생겨 먹은 것도, 성격도 민중문화 유산인 화투장 다르듯이 모두가 다릅니다. 그래서 어느 자식에게는 좋은 아빠 소릴 듣고, 어느 자식에게는 나쁜 아빠 소리를 듣게 됩니다. 그런데 어느 가장 치고 자식을 사랑하지 않는 부모 없습니다.

자식을 키우는 것도 이 모양인데 정치는 말할 것도 없습니다. 모든 정치인은 국민을 사랑하는 마음이 있습니다. 다만 어느 쪽에서는 좋은 소리를 듣고, 어느 쪽에서는 시원찮은 소릴 듣는 것뿐입니다.

이게 정치의 운명이고, 한계입니다. 다만 누가 통합의 정치를 할 수 있느냐는 개인의 역량 문제로 남습니다. 그렇기 때문에 정치인을 제대로 뽑아야 하지만 학문을 통해서 사회에 기여를 하고 있는 순수한 국민 토종을 정치판에 불러내어 기성 정치인과 비교하면서 '한번 바꿔 보자' 식의 요구는 사리에 맞지 않습니다.

세계 모든 나라의 정치가 썩었습니다. 윤리적으로 판단하면 그러합니다. 그러면서도 역사는 발전하고 있습니다. 점진적인 발전을 기대해 보면서 여유를 갖도록 하는 것은 어떨까요?

이해 집단의 대안으로 급조된 자격 없는 인물들이 조국을 바로 이끄는 선구자로 칭송받으며 정치의 환경을 혼란으로 몰아넣는 작금의 현실을 바라보며 구국의 심정으로 한 말씀 올립니다. 한 사람의 지도자를 바꾸면 나라가 바뀌고 이상이 실현될 것이라는 반복되는 국민의 열망은 구태의 정치보다 더 구태의연한 지금입니다.

세상은 진보할 만큼 진보했습니다. 현대시민의 자유는 넘치고 이만하면 인권 또한 신장되었습니다. 지금 우리에게 필요한 것은 합의 정치입니다.

더 이상 정치권력은 없습니다. 지금 시민을 이기는 권력은 없습니다. 사회가 집단의 이기심으로 혼돈을 거듭하게 된 것은 오히려 정치권력이 사라졌기 때문입니다.

우리가 타인을 생각하는 배려와 공익의 이익을 생각하지 않고 개인과 집단의 이익에 눈이 멀어 버린 지금 개방적인 자유 인권은 나라를 혼돈으로 치닫게 하는 원인균이 될 뿐입니다.

인간의 기본권은 당연히 지켜져야 합니다. 그러나 국가를 혼란으로 몰아넣는 자유방임의 집단 이기주의가 득세하는 현상은 이제 그만 멈춰 서야 합니다. 현대의 역사는 한 사람의 지도자로 바뀌는 것이 아닙니다. 전 국민이 저마다의 책임을 완수할 때 역사는 희망의 제국으로 탈바꿈될 수 있습니다.

65

정치의 영웅보다 역사의 영웅이 되시기를

지금 안철수 교수는 역사의 영웅에서 정치의 영웅으로 변신을 거듭하고 있습니다. 한 분야에서 일가를 이룬 그분은 분명 우리 사회가 필요로 하는 인재이고 사회 문화의 중요한 기념비적인 가치를 지니는 사람입니다. 그분이 우리 사회에 지핀 희망의 메시지와 사회 문화 발전의 공헌은 후대에 걸쳐도 존경 받을 만합니다. 투명한 사회로의 전환, 공정한 역사의 질주, 모두가 함께 어우러져 신명나는 세상을 만들고 싶다는 그분의 정치적인 욕망은 그래서 타당한 꿈인지도 모릅니다.

그러나 그분이 꿈꾸는 정치의 영웅은 역사의 영웅이 되는 것보다 큰 가치를 지니지 않을 뿐 아니라 정치적인 영웅이 되기 위해 한 걸음 다가갈수록 그분의 위대한 자취는 퇴색되고 말 것입니다. 그분은 역사의 영웅에서 초라한 영웅으로 변질되어 가고 있습니다. 지금 우리에게는 정치의 역할보다 문화 개혁자의 역할이 더 시급히 요구되고 있습니다.

정치가 잘못되어 지금의 역사가 퇴보하고 있다는 판단은 무책임한 전략적 여론몰이 언어의 외출입니다. 이 말이 품고 있는 허구의 질량은 역사 진단의 왜곡을 불러 오고 있으며 국민 모두를 책임 면탈을 일삼는 부랑자로 몰아세우고 있습니다.

사회가 불안하고 경기가 침체되고 실업자가 늘고 경기가 위축되고 양극화가 개선되지 않는 것은 정치의 책임이 아니라 사회적 연대 책임을 기피하고 모두가 더불어 살아가지 않으며 집단 이기주의와 개인주의에 빠져 버린 국민 각자에 있습니다.

사회적 불평등보다 더욱 역사를 어둡게 가로막는 것은 국민 각자의 책임 회피입니다. 역사의 책임으로부터 무한 자유를 구가하고 도피하며 그 책임을 정치에 돌리는 국민 각자가 현재와 우리의 미래를 그늘 속에 안치시키고 있는 것입니다.

그래서 정치를 개혁하기 위한다는 명목으로 정치 영웅을 꿈꾸는 선택은 매우 노련하지도, 지혜롭지도 않습니다.

역사의 상처는 정치인만의 몫이 아닙니다. 국민 한 사람 한 사람이 가해자이기 때문입니다. 그럼에도 불구하고 국민 모두가 그 책임을 정치인에게만 부과하는 것은 한심한 책임 회피일 뿐입니다.

역사의 상처는 국민과 정치인 모두가 협력하여 치료를 해야 옳습니다. 국민은 결코 피해자가 아닙니다. 정치인을 향해 욕설을 하고 그들이 나라를 망치고 있는 장본인들이라고 비난할 필요와 자격은 없습니다.

역대의 모든 정치적 영웅은 추락했습니다. 모든 신화는 무너졌습니다. 존경받는 영웅은 한 사람도 없습니다. 자리에 있을 때나 털고 일어나 나올 때나 그 자리에 올라서기 전보다 초라해졌습니다. 구속과 자살, 혹독한 비난, 그 어느 누군들 그 자리에서 나라의 망국을 빌었겠으며 일신의 배만 채우기 위해 청와대의 기왓장을 세고 있었겠습니까? 그들은 더 큰 정치적 영웅으로 비상하기 위해 치열하게 고민하고 있었을 것입니다.

국민 전체의 희망을 동시에 실현시켜 주는 영웅은 절대로 탄생할 수 없습니다. 정치는 국민 이익집단의 희생물이기 때문입니다. 사회와 역사는 정치적인 영웅의 영도력으로 굴러가기보다는 집단의 이기심으로 돌아가고 있습니다.

한쪽 손을 들어 주면 다른 한쪽이 손가락질하고 다른 지역을 돌아보면 다른 지역이 계란 세례를 퍼붓는 게 정치이고 민심입니다. 국민 모두에게 존경받는 정치적인 영웅은 애당초 존재할 수도 없고 탄생될 수도 없습니다.

특히 우리나라는 이념과 집단 이기주의 사회입니다. 사회가 지역과 이념과 출신과 정당의 배경으로 양분되어 있습니다. 그들은 각자 자기들의 이익을 대변하고 쟁취하기 위해 이합집산을 거듭하고 있으며 이익을 보존하기 위해 애국 구국을 빙자하여 야수의 본능을 드러내고 있습니다.

현실이 이러할진 대 대통령의 임기가 화려할 수 있으며 말년이 초라해지지 않을 수 있겠습니까? 귀신이 그 자리에 앉는다 해도 박수를 받고 들어갔다가 욕을 바가지로 얻어먹고 걸어 나오지 않을 수 없을 것입니다.

철새 정치인 욕을 하고 있지만 이익에 의해 이합집산을 거듭하고 있는 국민들이 얼마나 많은지 모릅니다. 국가의 안위는 생각하지 않고 자신들의 이익과 지역의 이익을 위해 나라를 혼란으로 몰아넣는 거리의 투사들이 어디 한둘입니까?

정치인보다 더 정치적인 국민들이 있는 한 정치는 모범적인 답안이 될 수 없습니다. 이러할진 대 역사의 진보와 퇴보의 책임을 정치인들에게만 물을 수는 없고 정치를 갈아 보겠다고 명분을 내세워 지도자가 되겠다고 선언하는 것은 너무나 아이러니한 명분의 무단가출에 해당합니다.

지금 우리는 정치인에게만 국가 위기의 책임을 물어서는 안 됩니다. 우리 자신 스스로에게 손가락질을 하고 우리 자신 스스로에게 피 끓는 각성의 선언을 해야 합니다. 그래야 나라가 바로 서고 나라가 삽니다. 이러한 상황에서 정치가 썩었으니 갈아야 한다는 선언을 하고 그 명분을 토대로 지도자가 되겠다고 나서는 것은 바로 국민에게 책임 회피의 명분을 주어 무한 집단 가출을 부추기는 것이고 나라를 위기 속으로 끌고 가는 행위에 가깝습니다.

왜냐하면 국민 각자가 변해야 나라가 사는 것이지 반드시 정치가 변해야 나라가 사는 것은 아니기 때문입니다. 정치에 침을 뱉고 정치에 책임을 묻고 정치가 변해야 나라가 산다는 허구적 논리를 생산하는 국민들이 사라지지 않는 한 우리의 미래는 불운해질 수밖에 없습니다.

안철수 교수님은 정치를 개혁하는 선봉에 설 것이 아니라 나라의 위기를 부르고도 그 책임을 정치권에만 돌리며 정치 이익에 군림하고 기생하는 무책임한 국민들의 의식을 깨우치고 그들이 개인의 사익에 빠지기보다는 본연의 임무에 충실하면서 공공의 이익을 저해하지 않는 건강한 시민, 건강한 국민의 의무를 다하도록 깨우치고 이끌어 가는 것이 타당하다고 봅니다.

개인의 명예를 좇는 자는 반드시 후일에 역사의 심판대에 올라 준엄한 단죄를 받게 되어 있습니다. 안철수 교수는 문화 개혁이나 창의적 측면에서는 영웅이 분명합니다. 지금 우리에게 필요한 기술은 컴퓨터 바이러스 차단 기술이 아니라 정보를 바르게 다루는 윤리적 기반입니다.

정보의 편리성을 만드는 것으로 그 책무가 완성되는 것이 아니라 그러한 정보를 바르게 다룰 수 있는 책임을 구현하는 것으로 책무는 완성이 되며 다른 위치로의 이동을 할 자격이 있다고 봅니다.

정치개혁보다 선행되어야 하는 것이 바로 역사의 무한 책임을 지는 성숙한 시민의식입니다. 그러므로 안철수 교수가 내세우는 정치개혁의 꿈은 역사 이반의 이상입니다. 안철수 교수는 정치판에서 해야 할 일보다 정치 외적인 분야에서 해야 할 일이 더욱 많이 있습니다. 그리고 그 일이야말로 진정으로 나라를 위하는 길이요, 사회를 건강하게 하는 길이며 대인의 길이며 자손만대에까지 이어지는 오랜 영웅이 되는 길입니다.

나는 안철수 교수가 우리나라를 넘어 전 세계적인 영웅이 되기를 진심으로 열망합니다. 역사는 정치의 산물이 아니라 도전과 창의와 희생과 배려의 산물입니다.

묵묵히 산업현장에서 자신의 맡은 바 책무를 다하는 국민 한 사람 한 사람이 바로 역사의 산모들입니다.

소수의 몇몇 정치인에 의해 역사가 진보와 퇴보를 거듭한다고 믿는 사람들이나 그 책임이 정치권에만 있다는 사상 이탈의 바이러스를 유포시키면서 정치의 영웅으로 나서는 행위는 그야말로 현실 인식의 미약을 보여주는 추태가 아닌가 합니다.

지금 우리에게 필요한 것은 정치의 영웅이 아니라 문화의 영웅입니다. 창의적 인간이며 한 분야의 거목입니다. 국내를 넘어 세계를 열광시키는 치열한 일생의 드라마 주인공을 필요로 합니다. 나는 그 영웅이 바로 안철수라고 생각합니다.

문화는 역사의 대안입니다. 정치가 역사의 대안이라고 믿는 사람들은 시대를 역행하는 과거 지향적인 사고에 빠져 있습니다. 왜 세계는 잡스라는 한 사람에게 그토록 열광을 했는가! 그것은 그가 역사에 필요한 것이 무엇인지, 진정한 영웅이 무엇인지 파악하고 있었기 때문입니다.

그의 지성은 문화 개혁의 창의적 생산성을 드높이는 일에 매진했으며 세계를 바꾸는 것은 정치가 아니라 문화라는 것을 죽는 날까지 실천에 옮기는 인생을 살았기 때문입니다. 그는 죽어서도 세계 역사를 밝게 비추고 있는 시간의 별입니다. 당당하고 힘찬 역사의 무덤입니다. 죽어서도 매일 되살아나는 생명입니다.

나는 안철수 교수님이 암과 투병하면서도 죽는 날까지 아이디어 개발에 최선을 다했던 잡스처럼 그 분야의 세계 최고가 되어 죽어서도 되살아나는 역사의 좌표가 되어주는, 빛이 변하지 않는 진정한 영웅이 되기를 바라는 마음 너무나 큽니다.

정치는 태생적으로 불완전합니다. 그것은 고쳐지는 병이 아니라 점진적으로 호전되는 질병입니다. 엄밀히 따진다면 정치판은 안철수 교수가 걸어온 길보다 작습니다. 정치는 국내를 다스리는 것이지만 문화는 세계를 다스리고 지배합니다.

한창 상종가를 치고 있는 지금의 안철수 대선 주자가 과연 국가를 부흥케 하고 국민의 안위를 책임질 대안이라고 추종한다면 비록 그것이 대다수 국민의 여론이라고 해도 나는 동조할 수 없습니다. 여론 또한 집단의 이익을 대변하는 목소리일 뿐이기 때문입니다.

대권 주자들은 하나같이 모두 정당의 이익과 집단의 이익을 대변하는 사수대입니다. 역사를 희망으로 반등시키는 지혜와 역량이 남다르고 한 시대를 넘어가며 대안을 창출할 만큼 뛰어나다 한들 오직 국민만 바라보고 국민을 주인으로 섬기면서 이익의 노예가 되지 않는 지도자가 될 수는 없기 때문입니다.

집권을 한 사람들은 어느 한 편의 이익을 대변하여 명예롭지 못한 퇴진을 하였습니다. 역사의 아침은 그래서 시끄럽고 언제나 희비가 엇갈립니다. 손을 들어 찬동하는 자가 있으면 반대하는 세력들이 득실거리는 정치 풍토가 사라지지 않는 한 이 같은 다툼과 반목의 역사 항해는 멈추지 않고 지속될 것입니다.

이러한 순환 구조의 가치가 역사 중심의 진실로 받아들여지면서 하나의 인물이 태어나고 소멸되어 가는 과정을 볼 때 공허하고 개탄스럽지 않을 수가 없습니다.

자기를 인정하지 않는 세력은 반대를 넘어 척결의 대상이 되어 버렸고 오직 국가의 번영을 위해 필요한 협력의 방향타는 집단 이익의 역학 구도에 의해 역사의 진실 속에서 낙태되어 버린 지 오래입니다.

여론의 진실을 파헤쳐 보면 간단합니다. 그것은 자기의 이익과 맞아떨어지는 사람을 선택하는 로맨스에 지나지 않습니다. 이미 국민 여론 자체가 국가 전체의 발전을 생각하기보다는 자기 지역, 출신, 성향, 이념에 의해 형성되어 있습니다. 정치가 국민을 이용하는 것 같지만 솔직히 말하자면 국민도 정치를 이용해 먹고 있습니다.

그러니 정치가 더럽혀졌다느니 개혁이 필요하다느니 재단하고 심판하는 것은 옳지 않습니다. 어차피 정치인을 선택한 것은 우리 자신입니다. 그것도 국가의 장래를 위한다기보다 자신이 몸담고 있는 집단과 자신의 만족을 추구하려고 선택해 온 것입니다.

정치는 이상을 추구해야 하지만 현실 정치는 이상으로 되지 않습니다. 그런데 지금은 과도한 이상주의적인 정치가 현실 정치의 벽을 허물고 있습니다. 그 배후에는 젊은이들이 있습니다. 정보 공유도 빠르고 쉽게 열광하는 맹신에 가까운 이상주의 추종자들이 정치에 뛰어들어 좌지우지하고 있습니다. 자기들과 코드가 맞지 않으면 극렬하게 반대하고 개혁의 무리들로 코너에 몰아 현실 정치를 살생하고 있습니다. 그리고 그들에게 고개 숙이고 어울리는 자들은 대선주자가 되어 추앙을 받습니다.

유감스럽게도 나는 젊은 세대를 믿지 못합니다. 철새 정치인이 많다고 하지만 철새 직장인들이 넘쳐나고 있습니다. 기분에 맞으면 일을 하고 기분에 맞지 않으면 일을 하지 않습니다. PC방에서 밤새 게임을 하다가 직장에 나갑니다. 자기가 속한 직장을 위해 희생하고 전력을 다해 일을 하는 사람들은 많지 않습니다. 기분에 취하고 자유를 갈망하며 쉽게 절망하고 나태합니다. 현실을 부정하는 일에는 적극적이며 쉽게 돈을 벌려 하고 쉽게 좌절합니다. 자신들의 이상과 맞지 않으면 경험조차 무릎을 끊어야 합니다. 이것이 요즘 대다수 젊은이들의 문화이고 가치입니다. 이러하니 자연스럽게 정치에 관심을 기울이게 됩니다.

자신을 위하기보다 공익을 위해 헌신하는 삶을 살아간다면 이렇게까지 이상주의적인 정치 성향에 빠져 지내지는 않을 것입니다.

이제 머지않아 다툼과 반목을 통해 또다시 한 시대가 다시 열릴 것입니다. 정권이 바뀐다고 해도 불평등, 반목, 대립, 적대라는 문제는 해결되지 않고 미완의 숙제로 남게 될 것입니다. 어느 한쪽의 잔치, 이것이 권력의 속성이기 때문입니다.

그들은 다시 외칠 것입니다. 국민이 원하는 것은 정치 개혁이고 그러한 책무는 우리가 해결할 수 있다고, 그러니 개혁을 하자고 말이지요. 모든 것은 포장되고 비열한 설득의 단계에서 각자의 위치와 기득권을 찾아 날아다니는 나방이요, 먹이를 찾아나서는 하이에나일 뿐입니다.

66

여성이여, 새 역사의 주역으로 나서라

지금의 역사는 아픕니다. 너무 아파서 눈을 뜰 수 없습니다. 눈 뜨기조차 힘든 불안한 안개 속의 정국이 된 것은 합의 없는 독단의 역사가 만들어 놓은 결과입니다.

이토록 메마른 세상이 된 것은 상대의 아픔을 쓸어안는 따스한 미덕이 사라졌기 때문입니다. 집단의 이기심이 정의를 가장하여 영웅시 되고, 타인의 삶은 안중에 두지 않으려는 집단 생존권 사수가 시대의 코드가 되어 버린 지금입니다.

하나를 얻으면 하나를 잃고, 하나를 가지려면 다른 하나를 잃게 된다는 보편적 생존의 법칙은 이미 돌이킬 수 없는 비문명의 단계로 접어들었습니다. 그저 자기만 살고 자기들만 편하면 됩니다. 자기들의 이익을 지키기 위해 타인의 희생을 너무나도 뻔뻔스럽게 강요하고 당연시되는 역사 방랑의 시대가 되어 버렸습니다. 타인의 벽이 이토록 두껍게 가로막아선 시대는 없었던 것 같습니다.

우리는 이웃의 고통을 버렸고, 이웃의 존재를 잃어 버렸습니다. 너와 내가 함께 조화롭게 살아가는 가치와 규범은 상실되어 버렸습니다. 타인을 위해 모두를 위해 자신의 희생을 감내하고 인내하는 여행은 멈추어 섰습니다. 우리 앞에 놓인 것은 오직 나만, 우리만 잘 살고, 무엇이든 가지면 된다는 필생의 이기심만이 난무하고 있습니다.

나는 이러한 현상을 어떠한 정당이나 자격이 미달되는 정치인의 책임으로 돌리고 싶지 않습니다. 아니, 그래서도 안 됩니다. 이것은 남성 지배주의의 사회 구도 속에서 싹튼 결과입니다. 모든 남성이 이러한 사회 현상에 대해 책임이 있습니다.

냉엄하고 차가운 이성적인 경쟁 훈련을 받은 남성사회가 우리 사회의 소외 계층을 만들었습니다. 벽을 만들었습니다. 이념의 노예로 만들었습니다. 대립과 적대의 역사에 불을 질렀습니다. 일등 학교 출신자만 성공하고, 일등 학교 출신만 대우 받는 사회 구조가 낳은 결과입니다. 남성은 타인을 이해하고 포용하는 데 천성적으로 인색합니다. 양보하지 않는 역사의 질주가 중단되지 않고 이어져 온 것은 바로 남성의 책임입니다.

양보는 없고 토론만 있고, 손만 잡을 줄 알지 상생의 터전을 만들지 못하는 이기적 독단의 지배 근성은 모두 남성이 가지고 있는 본질입니다. 이 시대의 평화가 신기루와 같은 이상으로만 존재하게 된 것도 합의 도출에 적응하지 못하는 남성 때문입니다. 이제 남성은 뒤로 물러나야 합니다.

지구의 생명이 위태로운 지경임에도 인류는 개발에 빠져 있습니다. 침략에 빠져 있습니다. 세상의 모든 남성은 그야말로 눈에 뵈는 게 없습니다. 베고, 쓰러뜨리고, 앞만 보고 달려가고 있습니다. 오늘의 정치판도 그러합니다. 지금의 역사는 숨 고르기가 필요합니다.

다시 세우고, 갈고, 엎고, 자르고, 부수어 버리는 혁명의 전사들이 이제는 뒤로 물러나 있어야 역사는 환란을 멈추고 평온한 항해를 할 수 있습니다.

그러기에 이제는 여성이 나와야 합니다. 여성이 나서야 합니다. 대립과 다툼과 이념의 전쟁 속에 갇혀 버린 역사를 구하는 용병으로 나서야 합니다. 당신들은 위대합니다. 당신들의 능력은 결코 남성에 뒤지지 않습니다. 이제 풍요의 달리기를 뒤로하고, 조화와 벗함을 중시하고, 함께 가는 열차에 모두가 탑승하여 낙오자가 없는 사회, 따스한 배려가 있는 사회, 더 이상 대립적인 구호가 판을 치지 않은 조용하고 정신적으로 풍요한 사회를 만들어 가야 합니다.

더 이상 세상이 정치적 야욕의 먹이 사슬로, 집단의 이익을 제공하는 터전으로 이용되는 것을 막아야 합니다.

배려 있는 여성이여! 따스한 감성과 인정이 필요한 시대임을 알고 이제는 노도와 같이 터져 나와 저마다 역사의 주역이 되었으면 합니다.

67

지적하는 것을……

사람들의 싸움은 자신의 단점을 지적할 때 일어납니다. 엄밀히 따지면 자신의 단점을 지적해 주는 것인데 자신을 건드린다고 생각하기 때문에 싸움이 일어나는 경우가 많이 있습니다. 저도 종종 이러한 일을 겪고 살아갑니다. 인간은 자신의 단점을 고치려고 하기보다는 스스로 합리화시켜 모셔 두기를 좋아합니다. 자신의 장점을 살려서 살아가는 사람은 많이 있는 반면 단점은 그냥 방치하게 되지요. 그러다 보니 아무리 장점이 많은 사람도 감추어 둔 단점 때문에 그 빛이 가려지게 됩니다. 장점을 드러내기 좋아하고 단점은 감추려고 합니다. 이런 상태에서 남이 자신의 단점을 지적하면 이내 화를 내게 되고 싸움으로 비화됩니다.

장점이 많은 사람보다 단점이 적으면서 자신의 단점을 알고 고쳐

나가는 사람이 사회생활을 하면서 더 많은 대우를 받게 됩니다. 장점만 많으면 대우 받는다고 생각하는 것은 절대 오산입니다. 장점이 많은 사람보다 부족한 것을 깨우치는 사람이 더 경쟁력이 있는 사람입니다.

단점을 버리기보다는 그냥 품고 살아가는 사람이 많이 있습니다. 내가 장점이 많은 사람이니까 이 정도 단점쯤이야 이해하고 넘어가겠지 하지만 세상인심이 그렇게 호락호락하지 않습니다. 완벽해지려고 하는 사람이나 장점이 많아서 으스대는 사람보다 자신의 단점을 잘 알고 고치는 사람이 더 아름다운 사람입니다.

사실 대다수 사람들은 자신의 단점을 잘 파악하지 못하고 있습니다. 인간의 불완전한 삶의 여행은 여기서부터 시작이 됩니다.

그러고 보면 나의 단점을 지적해 주는 사람들에게 싸움을 걸거나 미워할 필요가 없는 것 같습니다. 내가 미처 깨닫지 못하는 것을 누군가 지적해 주는 것은 나의 발전을 위해 좋은 일입니다.

단점은 우리 자신이 감추고 살아가기 때문에 누군가 지적해 주지 않으면 고쳐지지 않습니다. 물론 스스로 자신의 단점을 고치는 사람이 적지 않습니다. 그러나 대다수는 그러지 않습니다. 남이 알까 봐 숨겨 오다가 지적을 하면 으르렁거리며 달려듭니다.

평소에 자신의 단점에 대해 문제의식을 가지고 있는 사람은 남들이 지적할 때 웃고 말거나 그냥 여유롭게 넘어갑니다. 그런데 자신의 단점을 스스로 모르거나 알고도 문제의식을 느끼지 못하는 사람일수록 더 공격적인 성향을 보이게 됩니다.

단점은 고치는 즉시 장점이 되는 긍정적인 변화를 가져옵니다. 단점이 없는 사람은 전혀 없습니다. 누구나 조금씩은 다른 모습으로 단점을 갖고 살아갑니다.

사람들은 장점을 보고 열광하기보다는 자신의 단점을 들추어내는 일에 인색하지 않고 그 단점을 고치는 것에 더욱 열광합니다. 만약 누군가가 단점을 들추어내면 '나도 모르고 있던 것을 어떻게 알았지? 정말 대단한 발견이야!' 하고 너스레를 떨어 보세요. 그 순간 당신의 단점은 그 어떠한 장점보다 빛이 날 것입니다.

68

내가 외로운 만큼……

내가 외로운 만큼 상대도 외롭다고 생각해 보세요. 그러면 나의 외로움은 작아지고 상대의 외로움을 적셔 줄 용기와 마음의 여유가 생기게 됩니다. 상대와 내가 모두 외로운 것은 내가 외로운 만큼 상대도 외롭다는 사실을 느끼지 못하기 때문입니다. 상대도 슬프고 힘이 들 거라고 생각하는 크기만큼 이상하리만치 자신의 슬픔이 위로를 받고 그 크기만큼 지워집니다, 이것이 슬픔의 반사 작용입니다. 굳이 상대의 슬픔을 위로해 주려고 애쓰지 않아도 내가 상대의 슬픔을 이해하는 순간 슬픔은 서로 치료가 되는 것입니다.

내가 슬프고 괴로운 것은 내가 상대보다, 또는 그 누구보다 더 슬픈 조건에 빠져 있기 때문이 아니라 남도 자신 못지않게 슬픔을 가지고 있다는 이해의 부족에서 비롯됩니다. 사실 남의 슬픔을 이해하고 살아가는 사람들은 자신이 슬프고 힘겨운 일에 깊이 빠지지 않습니다. 눈물의 수도꼭지 하나, 슬픈 그림자 하나, 고통의 술잔 하나 가슴에 갖지 않고 살아가는 사람은 없습니다. 힘겹고 고단한 점에서 인간은 모두가 거의 같은 크기를 가지고 살아가고 있습니다. 다만 이겨내는 방법이 다를 뿐입니다. 물론 주어진 고통의 크기가 같지는 않습니다. 하지만 더 크고 더 무거운 것이 중요한 것이 아니라 무슨 방법으로 어떻게 이겨내느냐가 중요한 일입니다.

우리는 너나없이 남의 슬픔과 불행에 대해 눈을 감고 있습니다. 애초부터 그러했던 것은 아닙니다. 충분히 남도 나와 같은 어려움이 있다는 사실을 알고 있었고 이해하도록 배워 왔습니다. 그러나 우리가 배운 타인의 배려는 어느 순간부터 우리들 마음속에서 사라져 갔습니다. 우리의 인생 살기가 예전 같지 않고 정신적인 풍요를 빼앗기는 삶을 살았기 때문입니다. 타인의 아픔을 이해하고 끌어안는 일이 어느 한편으로는 사치가 될 만큼 우리네 삶은 빡빡하게 돌아가고 있습니다. 결국 우리는 그 힘겨움에 빠져 타인을 바라보는 여유를 상실하게 되었습니다.

내가 타인을 이해하지 못할 때 나의 슬픔은 상대적으로 커져 갔고 외로움 또한 깊어져 갔습니다. 나는 위로를 받고 치료를 하기 위해 자신의 슬픔에 깊이 빠져 지내지만 그럴수록 자신은 그 늪에서 헤어나지 못하고 더욱 깊이 빠져들게 되는 것입니다. 이것은 상대를 이해하지 못하는 데서 오는 현대 문명의 정신적인 외로운 병입니다. 내가 지금 어떤 상태인데 누가 누굴 위로한단 말인가! 내가 남을 위로하는 건 하나의 사치에 불과하다고 하는 순간 외로움이라는 병은 절대로 치유되지 않습니다.

나의 슬픔은 누군가와 공유할 때 줄어들기도 하지만, 내가 위로해 주는 상대가 없을 때 세상에 나를 위로해 줄 사람이 없어지기 때문입니다. 상대에 대한 위로와 이해는 앞으로 내가 위로를 받을 수 있는 씨앗을 세상에 심어 놓는 길이 됩니다. 내가 누군가를 위로하면 설령 그로부터 위로를 받을 수 없을지라도 다른 누군가가 그에게 위로를 받고 살아가게 됩니다.

지금 세상은 이와 같은 어려움에 처한 사람들로 넘쳐나고 있습니다. 그야말로 고통의 질주요, 마라톤이 한창입니다. 앞서서 달려가는 사람이나 뒤에 쳐져 달려가는 사람들이나 관계없이 위로 받기를 기다리고 있습니다. 이것은 우리 모두의 정신적인 재난입니다. 이 속에서 벗어나 우리 각자에게 처해진 슬픔을 딛고 살아가기 위해서는 상대를 위로하고 입장을 이해하는 풍토가 서로의 실천을 통해서 번져 나가야 합니다. 비록 상대의 슬픔의 크기가 작을지라도 그 당사자에게는 크다는 것을 알고 이해하는 일에 눈을 떠야 할 것입니다. 그렇게 되었을 때 비로소 우리는 우리 앞에 당도한 슬픔을 이겨 낼 수 있는 돌파구를 마련하게 되는 것입니다.

69

시행착오

누구나 하루가 완전하기를 소망하며 살아갑니다. 자신이 하는 일, 설계하는 모든 것이 완벽해서 그로부터 전해지는 기쁨을 통해 더 큰 단계의 행복을 갖고자 준비하게 됩니다.

그런데 우리가 준비하는 일은 그렇게 완벽하지 않습니다. 스스로 만족하고 내놓는 계획은 우리의 예상과 달리 초라한 결과를 가져다줍니다. 이러한 시행착오는 누구나 겪고 살아갑니다. 만약 우리가 이루고자 하는 모든 뜻을 계획대로 이룰 수 있다면 삶은 이리도 저리게 아프거나 힘겹지 않을 것입니다.

우리는 삶의 방향성은 분명하게 세울 수 있어도 결과는 예측할 수 없습니다. 그런데 이러한 시행착오는 우리가 불완전하기 때문이거나 예상이 빗나가서 계획된 대로 이루어지지 않기보다는 우리가 너무 많은 것을 기대하거나 많이 갖고자 하는 욕심 때문에 빗나가는 경우가 있다는 사실에 주목할 필요가 있습니다.

처음에는 하나를 요구하고 하나에 만족하다가 점차 그 욕망이 커져서 더 많은 결과를 예상하다 보니 예측이 빗나가고 큰 시행착오를 겪게 된다는 것입니다. 깊고도 넓은 불완전한 영역 안에서 벗어나 소망하는 것의 기준에 완벽하게 도달하여 내면의 자긍심을 키워 놓고 싶지만 부피가 큰 행복을 갖고자 하면 대다수는 바라는 대로 가져가지 못합니다. 내가 하지 않아야 할 일들과 해서는 안 되는 일의 경계선에서 중용을 지키지 못하면 우리의 하루는 실수로 범벅이 됩니다.

상대적으로 작은 계획은 우리의 예상을 빗나가지 않습니다. 세상살이의 여러 가지 일들이 그러합니다. 무엇이든 단숨에 도달하고자 하는 현대의 우리는 특히 시행착오를 많이 겪고 살아갑니다. 천천히 하나하나 이룬다는 평범한 법칙은 이제 사라져 가고 있습니다. 그만큼 우리는 바쁜 인생을 살아갑니다. 그런데 문제는 더 빨리 많이 갖고자 할수록 우리가 갖고자 하는 곳으로부터 가까워지기보다는 멀어지고 있다는 사실을 깨닫게 됩니다. 세상은 우리가 원하는 대로 주는 것이 아니라 우리가 가져갈 만큼만 준다는 사실입니다.

원하는 대로 다 주는 것은 삶의 원리에 역행하는 것입니다. 나 또한 시행착오를 겪고 살아가고 있습니다. 한편으로는 나의 욕심이 시행착오를 부를 때도 적지 않습니다.

세상은 나와 아주 정상적인 거래를 요구하고 있습니다. 먼저 인생이 요구하는 것에 초점이 맞추어지지 않으면 우리는 언제나 불완전한 날들 속에 갇혀 살아갈 수밖에 없습니다.

우리가 살아가는 세상은 무턱대고 큰 꿈을 요구하는 것에 손을 맞잡아 주지 않고 처한 입장과 자신의 능력과 한계를 파악한 연후에 꿈을 설계하도록 요구합니다. 인간의 불완전성은 너무나 과대한 욕망을 키워 놓았기 때문입니다. 지금 우리가 추구하는 시행착오 없는 완전한 하루는 나의 작은 설계에서부터 시작됩니다.

70

창의력이 지도력이다

인간의 창의력은 문명 발달의 기원입니다. 새로운 시도에 의해 역사의 바퀴는 진보의 순환을 거듭합니다. 발명이 없다면 역사도 없습니다. 새로운 세계를 열어 가는 발전의 기원은 단순히 시간만 흘러가는 것으로 채워지지 않습니다.

시간과의 동행은 발명이 융합되어야 합니다.

그러므로 역사의 시간은 빠릅니다. 인류가 미래 역사의 희망이 꺼지지 않는 것은 매 순간마다 창의력이 발산되기 때문입니다. 역사 발전의 자원은 창의력에 있다는 것을 증명합니다. 무엇인가 만들어 내지 않으면 문명은 암흑에 갇히게 됩니다. 개방된 사회는 무수한 시도를 존중하고 그러한 에너지가 분출될 수 있는 환경을 제공하는 사회입니다. 발명이 많은 나라가 세계 경제를 선도하고 있음은 시사하는 바가 큽니다.

우리의 현실은 별로 희망적이지 않습니다. 우리는 발명에 눈을 뜨거나 창의적인 인간을 배출해 내는 사회적 시스템도 부족하고 인식 또한 진부합니다.

안일한 사고에 빠져 있음을 엿보게 합니다. 새로운 시도와 새로운 것에서 고개 돌리는 사회는 엄밀히 말하면 미래가 없습니다.

단순한 제품 생산 시스템만으로 언제까지 세계 경제의 선도적인 위치를 유지할 수 있을 것이라고 자만하는 것은 유치한 전망입니다.

문화 자원의 개발과 육성 정책이 어느 때보다도 시급합니다. 우리가 즐겨 하는 것은 정치적 게임입니다. 인간은 정치적인 동물이라고 하지만 그러한 힘의 논리에 지배되는 정치 게임은 현대 문명 발전에 기여하는 바가 적습니다.

그보다는 문화 자원 개발의 게임에 빠질 필요가 있습니다. 누가 더 얼마나 창의적이냐는 경쟁의 논리가 수용되고 시도되는 사회로의 전환이 우리의 미래를 부강하게 할 것입니다. 세계에 단 하나밖에 없는 것을 찾아내는 작업이 절실합니다.

우리나라는 지식은 넘치나 창의력은 빈곤을 면치 못하고 있습니다. 지식 기반 사회에서 생산되는 발명치고는 세계에 내노라 할 게 별로 없습니다.

우수한 인재를 모두 데려갔다는 삼성은 몇 가지의 아이템을 개발하여 창의적 선도 의식을 가지고 교만에 빠져 있는데, 그 정도 가지고 일류는 어림도 없습니다. 창의력으로 세계를 선도하려면 몇 개의 기업이나 몇 명의 사람이 아니라 국민 전체가 창의력이 상승되어야 합니다. 국가 경쟁력은 정치 발전이 아니라 문화 발전에 있습니다.

시도는 결과의 어머니입니다. 설령 그 시도가 실패하더라도 모든 시도는 역사 발전의 거울로 남습니다. 우리가 창의력 빈곤시대를 살아가는 것은 새로운 시도의 가치를 존중하지 않기 때문입니다.

그래서 누군가 무엇을 한다고 하면 협력하기보다는 반대의 입장에 서서 손가락질을 하거나 비난의 총을 준비하는 데 골몰합니다. 그런 점에서 우리의 미래는 어둡습니다.

그 어둠의 그늘은 문화 발전에 기여하려는 사람들이 살아가는 기회를 박탈하기 때문입니다.

정치 게임은 이제 그만해야 합니다. 그 시간에 세계에 단 하나밖에 없는 문화 가치를 발굴하고 수용하여 세계를 선도하는 문화 자원의 시대를 열어 가는 사회를 꿈꾸어 봅니다.

71

눈물보다 선물을

자유를 가진 자
자유를 누린 자
고개 들어 그분을 바라보라.
그분이 국민 모두에게
평생 바쳐 남긴 선물은
자유와 인권이다.
통합과 평화의 물결이다
민족의 애틋한 사랑 없이
압제에 저항하지 못하고
군홧발에 고개 들지 못한다.
그분이 걸어온 삶의 흔적 하나 하나는

역사에 던지는 쓰디쓴 고언이요
충정과 애족의 함성이었다.
개인의 풍요를 쫓아
저마다 현실에 안주하며 기생하던 순간에
그분은 꺾이지 않는 인동초로서
나라의 근간을 세우는 일에
사람다운 세상을 만들어가는 일에
민족 통일의 날을 앞당기는 일에
생애를 녹여 왔다.
한 사람의 일생이 그토록 처절함은
오류로 채색된 역사였음의 명백한 증거였다.
몸을 던져 이룬 그의 자취는
개인의 훈장이 아니라
역사의 포상이며 민족의 영광이다.
죽음을 향해 서서히 다가서면서
그분은 남은 날과 남은 일각의 시간을
우리 모두가 자유 민주주의 주인임을 외쳤다.
무분별한 통제는 자유에 상처를 내고
분열은 역사에 상처를 낸다.
권력에 운명이 의탁되는 것은 이미 자유가 아니다.
자유는 인간 존엄성의 기본이며
존재 가치를 이루는 생명의 원소이다.
그분이 부르짖으며 외치던 자유와 인권
그리고 통일의 대문을 개인의 영광과
집단의 이익을 지키기 위해

빗장을 걸어 잠근 것은 아닌지
돌아보아야 할 것이다.
그분의 죽음은 생명의 단절이 아니라
새로운 통합의 출발을 기원하는 선언이다.
그분이 원하는 것은 애도의 물결이 아니라
모두가 함께 잘살기를 여망하는 눈물의 청원이다.
생명이 시간 속의 무덤으로 안치되기 전까지
그분이 민족 앞에 전하던
메시지를 실천하지 못한다면
오늘 우리 각자가 흘리는 눈물은
그냥 눈물일 뿐이다.
지워지고 남겨지지 않은 눈물일 뿐이다.
못내 완성하지 못한
역사적 책무의 재단 위에
눈물로 아쉬움을 대신하며
긴 시간 여행을 떠나간
행동하던 역사의 양심에게
우리는 사회적 대통합을
선물로 안겨 주어야 할 것이다.

김대중 전 대통령 서거에 부쳐
2009년 8월 19일 이도윤

인생

삶은 우리가 요구하는 것에 관대하지 않다.
결코 갖고자 하는 크기만큼 돌려주지 않는다.
자신의 기대와 달리 반대편에서 전혀 예상 못한
결과를 가져다주기도 한다.
목표를 정해 놓고 크게 꿈을 꾸다가
좌절을 맛본 후 이내 포기하고
작은 것에 만족하려 해도 돌풍처럼 다가와
그 작은 것까지 가져가 버리는 게 인생이다.
그 야속함에 목 놓아 울라치면
슬픔을 달랠 눈물까지 앗아가 버릴 때도 있다.

그러나 쓰러지고 또 쓰러질지라도
멈추지 않고 일어서서 앞만 보고 달려가는 것이
진정 살아가는 거룩한 이유임을 알고
그 뜻에 따라 당당하게 삶과 마주할 수 있을 때
삶은 비틀거리지 않고 비로소 완성된다.

하나 둘 벽돌을 쌓아가며
성공하기 위해 큰 수고로움을 바치고

오르고 또 오르는 일이 설령 미숙하여
설계한 성곽을 완성하지 못하고
종종 넘어질지라도 사력을 다해 살아내고자
인생 대지에 굴을 파는 중단 없는 의지는
그나마 우리 자신이 가져야 하는 든든한 위안이다.

생의 마당에 홀로 서 힘겨워할 때,
함께 서서 슬픔을 나누어 줄 이 없는 사실에
흥분하거나 실망할지라도
우리 가슴에 마지막까지 뜨거운
삶의 교훈과 등불로 남는 것은
오직 살아가기 위해 몸부림치는
그대 자신이다.
슬플 때나 외로울 때나
멈추지 않고 다시 일어서서
살아가기 위해 모진 애를 쓰는
그대 자신은 모든 것보다 소중한 왕이다.

인생 그 중심에 홀로 서서

1판 1쇄 인쇄 | 2012년 8월 30일
1판 1쇄 발행 | 2012년 9월 5일

지은이 | 이도윤
발행인 | 김미애
펴낸곳 | 성균관출판부
디자인 | (주)척척코리아

등록번호 | 제302-1994-000026호
주소 | 152-080 서울시 구로구 고척동 103-4 가동 305호
전화 | (02) 701-1856 팩스 | (02) 701-1857

값 11,000원

ISBN 978-89-88338-11-7